# 短视频

## 运营

# 全流程

**策划、拍摄、制作、引流从入门到精通**

谭俊杰 ◎ 著

化学工业出版社
·北京·

## 内 容 提 要

本书通过 12 章专题内容、110 多个运营技巧，从策划、拍摄、制作和引流 4 个层面一条龙、全程式讲解，帮助读者快速成为短视频高手。此外，随书赠送教学视频、PPT 教学视频和电子教案。

策划层面：介绍了短视频账号定位、内容策划和脚本创作 3 个方面，让读者先了解短视频的基本内容，再学习内容策划与脚本创作，由浅入深精通短视频基础知识。

拍摄层面：讲解了拍摄工具及辅助工具的选择、取景构图的选择和基础运镜教学 3 个方面，让读者全方位地学习短视频的拍摄方法。

制作层面：以剪映手机版为例，介绍了 9 个基本剪辑操作、5 种网红色调的调色技巧和 5 种炫酷特效的制作方法。

引流层面：讲解了持续输出优质内容引流吸粉、直播引流和运营账号获取变现 3 个方面，重点介绍如何赚取收益，让读者学会变现的方法和技巧。

本书具有很强的实用性和可操作性，适用于初入短视频运营行业的新手、想要在拍摄和后期剪辑上有所提升的运营者、想要学习吸粉引流的人员阅读，还可以作为各类培训学校和大专院校的学习教材或辅导用书。

## 图书在版编目（CIP）数据

短视频运营全流程：策划、拍摄、制作、引流从入门到精通 / 谭俊杰著 . —北京：化学工业出版社，2024.2

ISBN 978-7-122-44451-6

Ⅰ . ①短… Ⅱ . ①谭… Ⅲ . ①网络营销 Ⅳ . ① F713.365.2

中国国家版本馆 CIP 数据核字（2023）第 218016 号

责任编辑：王婷婷　李　辰　　　　　　　　封面设计：异一设计
责任校对：杜杏然　　　　　　　　　　　　装帧设计：盟诺文化

出版发行：化学工业出版社（北京市东城区青年湖南街13号　邮政编码100011）
印　　装：北京瑞禾彩色印刷有限公司
710mm×1000mm　1/16　印张12³/₄　字数300千字　2024年2月北京第1版第1次印刷

购书咨询：010-64518888　　　　　　　　售后服务：010-64518899
网　　址：http://www.cip.com.cn
凡购买本书，如有缺损质量问题，本社销售中心负责调换。

定　　价：78.00元

# 前　言

随着互联网的快速发展，人们已经走进了一个短视频的时代，刷短视频已经成为人们茶余饭后的一种重要娱乐方式。与此同时，越来越多的人不只是将短视频作为一种消遣工具，而是想通过拍短视频、运营账号来赚取收益，进入短视频行业分一杯羹。

目前，各大短视频平台上每天都会生产出大量的短视频作品，那么如何让自己的短视频脱颖而出，被人们快速记住和喜欢，是困扰很多运营者的一个难题。

本书中，笔者从策划、拍摄、制作和引流4个层面为读者提供系统的知识学习，帮助读者快速建立自己的账号，并掌握运营技巧实现变现。本书内容全面，结构清晰，语言简洁，内容知识点框架如下。

| | | |
|---|---|---|
| | 优质内容吸粉 → | 吸粉引流的技巧、持续输出优质内容的技巧讲解 |
| 引流 | 直播引流 → | 3种从私域流量引流的方法、4种增加直播间热度的方法和2种直播间吸粉引流技巧 |
| | 运营变现 → | 3种商业变现模式、5种抖音带货方式和3种其他变现方式介绍 |

在这场没有"硝烟"的互联网战争中，有的人摇身一变，成为网红、带货达人，也有人粉丝寥寥无几，花费了很多时间和精力却未有所收获。但是，通过学习本书中的知识，相信读者会发现，短视频创作并没有想象中那么难，通过运营实现变现也可以很轻松。

所以，如果学会了本书中的所有知识点，不管是做短视频运营，还是其他类型的自媒体运营，都可以帮助自己在互联网中有所收获和成就，最后希望大家通过学习各种技能和知识，不断充实和提升自己，在未来遇见更好的自己！

特别提示：本书在编写时是基于当前各个软件所截取的实际操作图片，但书从编辑到出版需要一段时间，在这段时间里，软件界面与功能可能会有调整与变化，比如有的内容被删除了，有的内容增加了，这是软件开发商所做的软件更新，请在阅读时根据书中的思路，举一反三，进行学习。

本书由谭俊杰著，参与本书编写和提供素材的人员还有周腾、邓陆英、向小红、罗健飞、苏苏、燕羽、巧慧等，在此表示感谢。由于作者知识水平有限，书中难免有疏漏之处，恳请广大读者批评、指正。

著　者
2023年9月

# 目　录

# 第1章
# 通过运营获取商业变现

短视频通常是指时长在几分钟之内的视频形式，包括学习教育、文化传播、社会热点、技能分享、幽默搞笑等多方面内容。如今，人们都处在一个快节奏的时代，短视频的出现能够很好地满足人们需求。

## 1.1 短视频的基本内容

在4G通信被广泛普及后，短视频快速发展，成为一股影响着大众工作、生活、学习的新力量。本节将讲解短视频的基本内容。

### 1.1.1 概念特征

什么是短视频呢？一般来说，时间控制在5分钟以内，能够让人利用碎片化的时间观看的视频就是短视频。

不过，针对短视频的时间，快手短视频平台提出"57秒，竖屏，这是短视频行业的工业标准"，而今日头条的副总裁赵添则认为"4分钟是短视频最主流的时长，也是最合适的播放时长"。

与短视频相比，长视频的时间一般在半个小时以上，通常由专业的影视公司制作完成，以影视剧为主。目前来说，长视频的主要特点为投入大、成本高、拍摄时间长，并且制作更加专业。此外，长视频和短视频还有以下几种区别，如表1-1所示。

表 1-1　长视频与短视频的区别

| 分　类 | 长视频 | 短视频 |
| --- | --- | --- |
| 用户时间 | 整段时间 | 碎片化时间 |
| 涉及领域 | 影视剧 | 涉及领域广泛 |
| 传播领域 | 传播速度相对较慢 | 传播速度快 |
| 社交属性 | 较弱 | 较强 |

短视频能够满足人们消磨碎片化时间的需求，拥有极强的互动性、强大的社交属性及较强的营销能力。其特征主要有以下几点，如图1-1所示。

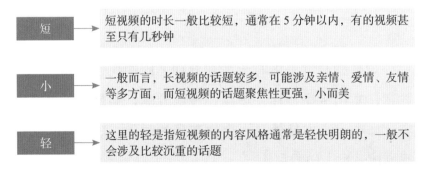

| 短 | 短视频的时长一般比较短，通常在 5 分钟以内，有的视频甚至只有几秒钟 |
| --- | --- |
| 小 | 一般而言，长视频的话题较多，可能涉及亲情、爱情、友情等多方面，而短视频的话题聚焦性更强，小而美 |
| 轻 | 这里的轻是指短视频的内容风格通常是轻快明朗的，一般不会涉及比较沉重的话题 |

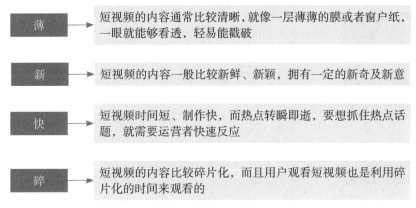

图 1-1 短视频的特征

## 1.1.2 社会功能

短视频作为一种互联网内容传播方式，受到了各大平台、用户及资本的青睐，因此也具有一定的社会功能，如图1-2所示。

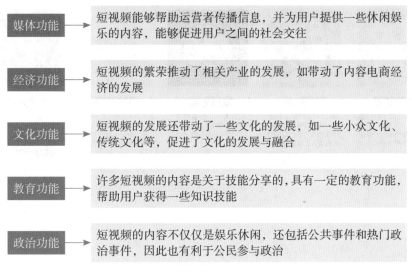

图 1-2 短视频的五大社会功能

## 1.1.3 账号定位

短视频的账号定位是指为账号运营确定一个方向，为内容创作指明方向。那么，运营者到底应该如何进行账号定位呢？可以从以下3个方面出发，即根据自身的专长做定位、根据观众的需求做定位、根据内容稀缺度做定位，如图1-3所示。

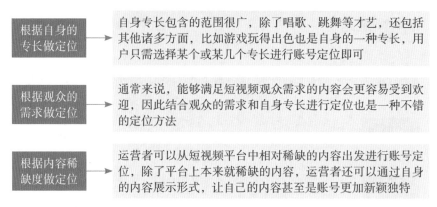

图 1-3　账号定位的相关技巧

## 1.1.4　发展历程

从2013年至今，短视频共经历了五大阶段，分别是萌芽时期、探索时期、发展时期、爆发时期和成熟时期，具体情况如图1-4所示。

图 1-4　短视频的发展历程

## 1.2　常见的短视频平台

当前，短视频平台有很多，而且各有各的特点，平台内包含了众多用户自发创作的各类短视频。本节将讲解短视频平台的功能、内容生产分发、内容监管模式及主要的短视频平台。

## 1.2.1　短视频平台的功能

目前，市场中存在着许多短视频平台，如抖音、快手等，这些平台都具有以下3个功能，分别是连接产销、搭建平台、赋能用户，如图1-5所示。

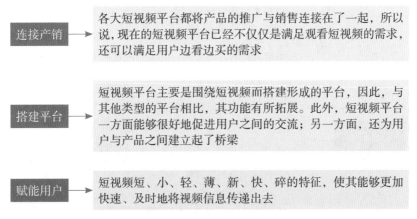

连接产销 → 各大短视频平台都将产品的推广与销售连接在了一起，所以说，现在的短视频平台已经不仅仅是满足观看短视频的需求，还可以满足用户边看边买的需求

搭建平台 → 短视频平台主要是围绕短视频而搭建形成的平台，因此，与其他类型的平台相比，其功能有所拓展。此外，短视频平台一方面能够很好地促进用户之间的交流；另一方面，还为用户与产品之间建立起了桥梁

赋能用户 → 短视频短、小、轻、薄、新、快、碎的特征，使其能够更加快速、及时地将视频信息传递出去

图 1-5　短视频平台的功能

## 1.2.2　平台内容生产分发

一般来说，短视频平台的核心逻辑主要包括3个方面，分别是人人参与、精准匹配和注意力经济，此外，社区化运营也是其逻辑之一，如图1-6所示。

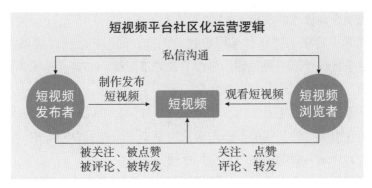

图 1-6　短视频平台社区化运营逻辑

注意力经济最早出现在一位美国学者发表的《注意力经济学》文章中，正式提出这一概念的是美国的迈克尔·戈德海伯。在注意力经济中，用户的注意力成为最重要的资源。只有当用户注意到了某个产品，他才有可能会去购买这个产品，但用户的注意力是有限的，这便需要企业去争夺用户的视觉，因此注意力经济也被称为"眼球经济"。

注意力经济具有十大特征，分别是内涵特征、市场特征、表现特征、商业特征、竞争方式、增长特征、产品特征、组织特征、运作特征和物质特征。一般来说，注意力经济具有以下6个方面的内涵，如图1-7所示。

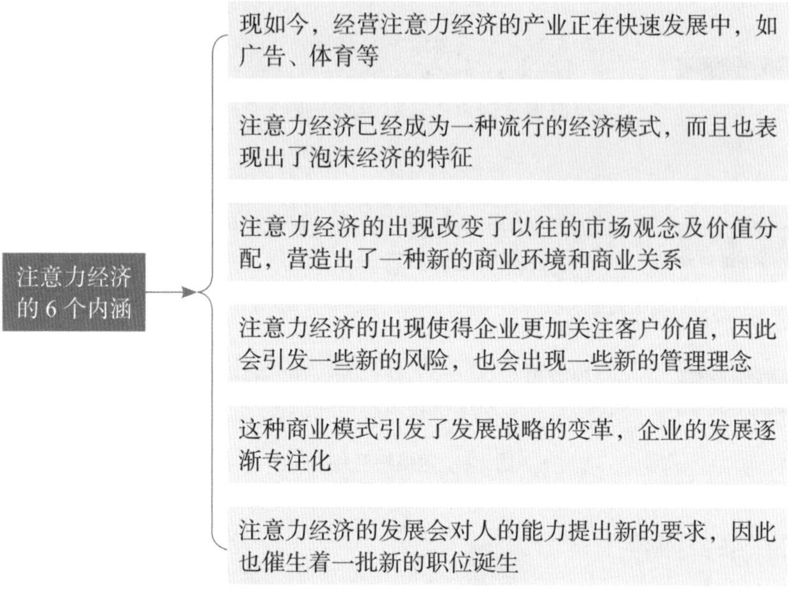

现如今，经营注意力经济的产业正在快速发展中，如广告、体育等

注意力经济已经成为一种流行的经济模式，而且也表现出了泡沫经济的特征

注意力经济的 6 个内涵

注意力经济的出现改变了以往的市场观念及价值分配，营造出了一种新的商业环境和商业关系

注意力经济的出现使得企业更加关注客户价值，因此会引发一些新的风险，也会出现一些新的管理理念

这种商业模式引发了发展战略的变革，企业的发展逐渐专注化

注意力经济的发展会对人的能力提出新的要求，因此也催生着一批新的职位诞生

图 1-7　注意力经济的 6 个内涵

下面，来看一下短视频平台的内容生产及内容分发的相关情况。

1. 短视频平台的内容生产

在短视频平台中，往往都是用户自发创作。而用户之所以能够不断自发创作，是因为平台给予了短视频创作者引导及经济激励，如抖音短视频平台的"剧有引力计划""站外激励""视频赞赏"等。

短视频创作者如果想要加入"剧有引力计划"，可以在抖音短视频平台中的"抖音创作者中心"的"我的服务"板块内点击"剧有引力"按钮，便可以进入到"剧有引力计划"活动界面，如图1-8所示。

如果短视频创作者不熟悉具体的规则详情，可以点击活动界面底部的"剧有引力计划"按钮，便可以查看活动的规则详情，如图1-9所示。

值得注意的是，"剧有引力计划"是平台推出的专项激励计划，其中包括了3条激励赛道，分别是DOU+赛道、分账赛道和剧星赛道，不同的赛道有着不同的参与方式和参与要求，同时还说明了短剧的激励机制，如图1-10所示。短视频创作者参与时一定要认真了解各条赛道的要求和参与方式。

图 1-8　"剧有引力计划"活动界面

图 1-9　活动规则详情界面

图 1-10　3 条激励赛道和激励机制

"剧有引力计划"的任务奖励包括现金分账和流量激励两种方式，但活动门槛比全民任务更高，不仅对内容有更高的要求，而且对参与者的粉丝量和作品播放量也有着更高的要求。

此外，用户除了因平台的引导和激励而创作短视频外，还会因为想要满足自身表达、吸粉等需求，而不断创作新的短视频。

2. 短视频平台的内容分发

一般来说，短视频平台内容分发的模式主要有3种，分别是算法分发、社交分发和人工分发。下面，我们便来了解一下这3种分发模式的具体情况。

（1）算法分发

算法分发主要是利用算法对用户的兴趣与喜好进行分析，进而来推荐内容，常见的推荐算法主要有以下6种，如图1-11所示。

相较于其他分发方式来说，算法分发能够让用户更容易获得有价值的信息。例如，当用户关注了穿搭这一话题时，算法推荐便会将与穿搭有关的内容推荐给用户，甚至只推荐这一类内容。因此，算法推荐有可能会助推信息茧房，让用户只能了解到相似的信息。

图1-12所示为算法分发的流程，可以看出，在算法分发中，标签是非常重要的，算法会给内容和用户都贴上标签，然后平台会根据用户的标签来推荐内容，而用户则根据标签来观看内容。

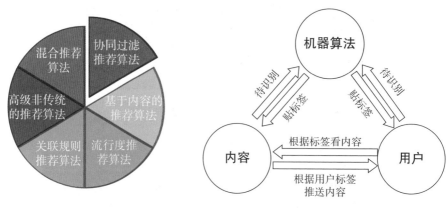

图 1-11　常见的推荐算法　　　　　图 1-12　算法分发流程图

抖音短视频平台是现今比较火的短视频平台之一，图1-13所示为抖音算法推荐示意图。值得注意的是，抖音是一个强算法性的平台，其以算法为内容导向，强调去中心化的内容分发模式，因此平台中的爆款视频众多。

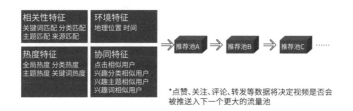

图 1-13　抖音算法推荐示意图

　　目前，在短视频平台中，对于算法分发的应用已经相对成熟了，但依然存在许多不足，如在用户画像精度、内容价值甄别等方面还有待加强，如图1-14所示。

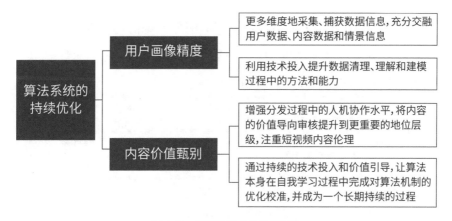

图 1-14　智能算法分发价值优化

（2）社交分发

　　社交分发主要是通过用户之间的社交关系来推广短视频，其流程如图1-15所示。

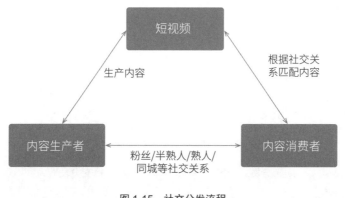

图 1-15　社交分发流程

运用社交分发比较典型的是微信视频号，其主要是根据用户的微信通讯录的社交关系进行分发。

（3）人工分发

顾名思义，人工分发是指通过人工审核来向用户分发各类短视频，也可以称为编辑分发。虽然各大短视频平台都使用了算法分发，但是人工分发在内容分发中的作用是不可替代的。现在短视频平台仍在招聘视频内容的审核员，对平台中的短视频进行人工审核及分发。

值得注意的是，为保障我国网络短视频的良性发展，我国针对短视频的内容审核制定了审核标准，如图1-16所示。

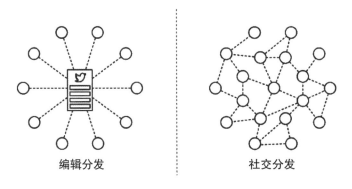

图 1-16　《网络短视频内容审核标准细则》修订版

图1-17所示为编辑分发与社交分发的示意图。可以看出，编辑分发主要是以编辑为中心展开的。但是，社交分发中没有中心，也就是去中心化的，而且社交分发中没有编辑，也可以说在社交分发中人人都是编辑。社交分发将内容的筛选权交给了用户自己，让用户根据自己的需求去选择观看视频。

编辑分发　　　　　　社交分发

图 1-17　编辑分发与社交分发的示意图

3种分发方式既有优点又有缺点，下面来看一下这3种分发方式的对比情况，如表1-2所示。

表 1-2  3 种分发方式的对比情况

| 分发方式 | 代表平台 | 分发机制描述 | 优点 | 缺点 |
|---|---|---|---|---|
| 人工分发 | 网易、新浪 | 借由专业背景知识的编辑完成从海量内容到有限展示位置的过滤和筛选 | 保证内容的平均 | 基于专家的判断会出现单个编辑偏差的情况；中心化的分发方式难以满足用户的个性化需求 |
| 社交分发 | 微信 | 由内部实现分发，以人为中心，基于扩散式转发获得庞大的内容分发成效 | 有助于内容分发去中心化；满足用户个性化需求和社交需求 | 大 V 逐渐垄断流量和话语权；信息过载，信息价值密度下降 |
| 算法分发 | 今日头条 | 借助算法推荐技术，向用户推送符合其兴趣或价值偏好的特定信息 | 减少用户的无效观看，提升信息分发效率，有利于中长尾内容创作者 | 加剧信息茧房；中心化的分发方式容易造成价值观缺失、内容低质化和不正当竞争 |

## 1.2.3  平台内容监管模式

短视频平台的内容监管模式主要有4种，分别是用户监督、平台自律、同行监督和政府监督。在2019年，中国网络视频节目服务协会便发布了《网络短视频平台管理规范》，如图1-18所示。

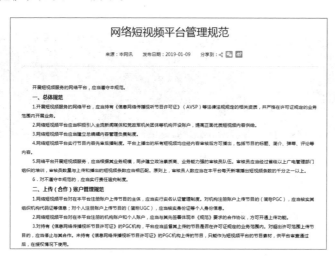

图 1-18  《网络短视频平台管理规范》

## 1.2.4  主要的短视频平台

许多企业家都看中了短视频的商业价值，纷纷开始创立新的短视频平台，因此现在市场中有许多短视频平台。下面便来看一下几个大家比较熟悉的短视频平台。

1. 快手

2011年3月，GIF（Graphics Interchange Format，图像互换格式）快手诞生，这是快手App的前身。2013年10月，GIF快手正式转型成为短视频社交平台，并于2014年11月正式更名为快手。快手App的发展分为3个阶段，具体情况如图1-19所示。

图 1-19　快手的发展阶段

图1-20所示为快手平台登录页面，可以看出，快手平台的宣传标语为"拥抱每一种生活"，而且该平台还包括短视频、直播、小剧场等板块。

图 1-20　快手平台登录页面

相比于其他短视频平台，快手更加注重用户的参与度，短视频推荐比较分散，主要是为了让更多创作者的短视频能够被观众看见。如抖音会将流量分发给头部创作者的短视频，而快手则会将70%的普惠流量都分发给中部创作者。此外，快手重视社区的打造，因此用户对平台的黏性较强。

值得注意的是，快手平台拥有3个特点，分别是去中心化、流量公平、重社交，如图1-21所示。

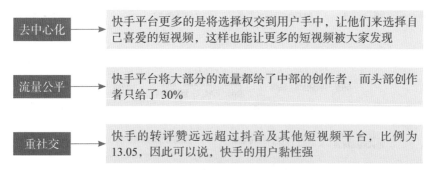

图 1-21 快手平台的 3 个特点

快手短视频的发展催生了"老铁经济"，其模式如图1-22所示。快手的"老铁经济"使快手比抖音更接地气、更亲民。

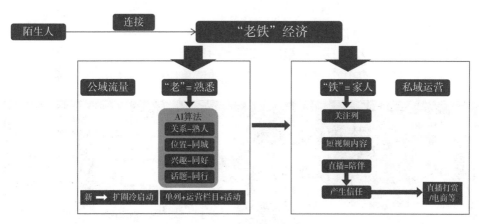

图 1-22 "老铁经济"模式

★ 专 家 提 醒 ★

"老铁经济"是快手 App 中一种特殊的经济模式。在快手 App 中，大多数的创作者都是草根出身，相互交流时会使用"老铁"来称呼，以此拉近距离，然后再通过电商的方式进行销售。这种凭借着"身份认同"而获得用户好感并引导用户购买产品的模式称为"老铁经济"。

2. 抖音

抖音于2016年上线，是由字节跳动孵化的一款短视频社交软件，其发展及抖音电商发展历程如图1-23所示。

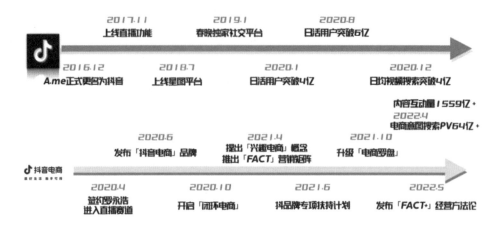

图 1-23 抖音及抖音电商的发展历程

抖音定位为个性、崇拜、记录生活，其宣传标语为"记录美好生活"。平台以UGC（User Generated Content，用户原创内容）为主，生产壁垒比较低，因此容易被用户接受，且生态圈作品技术强。

抖音平台目前是许多用户都喜爱的短视频平台之一，而且由于平台中有许多激励措施，创作得比较好的作品还会受到平台的推荐，使得用户创作的积极性大大提高。在抖音平台中，短视频发布到推荐的流程如图1-24所示。

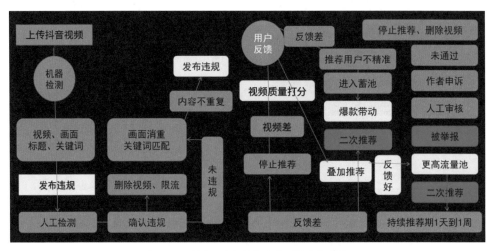

图 1-24 抖音平台短视频发布到推荐的流程

另外，抖音短视频还有自己的一套推荐机制，即机器算法+人工双重审核，分配的流程如图1-25所示。

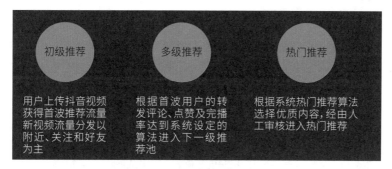

图 1-25　抖音平台短视频分配的流程

随着抖音短视频的不断发展，抖音电商的发展势头也越来越好，许多用户通过自己创作的作品赚到了第一桶金。此外，在抖音平台中，抖音电商实现了用户、内容、商品、服务的正向循环，并且在达人、品牌商家的供给，以及MCN（Multi-Channel Network，多频道网络）和服务商的助力下，抖音电商的生态不断繁荣，如图1-26所示。图中的DP是指抖音购物车功能运营服务商。

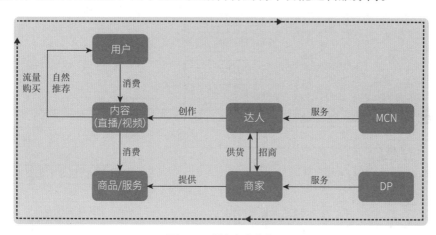

图 1-26　抖音电商生态

3. 秒拍App

秒拍App是由炫一下（北京）科技有限公司推出的一个短视频社交化平台，核心用户主要以90后女性为主，包括大学生及一些职场新人。

秒拍App有着强媒体的属性，其与微博是一脉相承的，也有很强的社交属性，且秒拍平台凭借着好友关系的导入分享功能，使得平台的用户黏性更强。秒拍App有多个频道，分别有热门话题、明星频道、小咖秀、搞笑频道、女神频道和韩语频道等。秒拍App的功能主要包括3个方面，如图1-27所示。秒拍App的核心功能流程如图1-28所示。

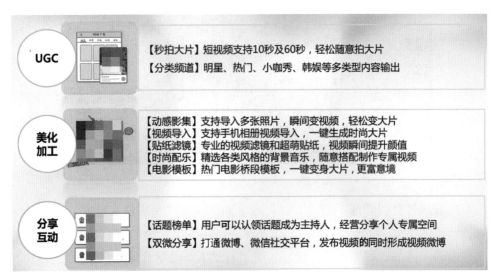

图 1-27 秒拍 App 的主要功能

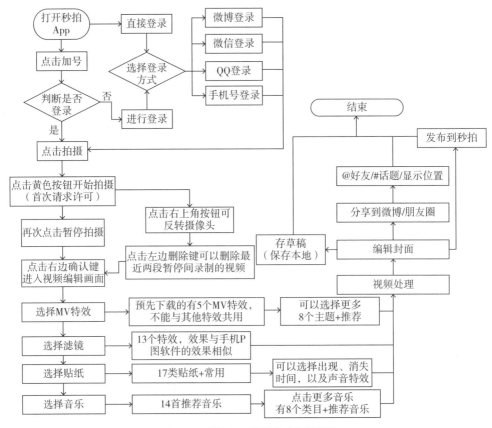

图 1-28 秒拍 App 的核心功能流程图

与其他短视频平台相比，秒拍平台具有用户界面简洁、制作短视频时能够间断录制、制作短视频时可以使用特效等特点。

除了以上介绍的3个短视频平台，市面上还有许多短视频平台，如梨视频、美拍、全民小视频、趣头条、火山、西瓜等，如表1-3所示。

表 1-3　其他短视频平台

| 短视频平台 | 标　语 | 特　点 |
| --- | --- | --- |
| 梨视频 | 最新鲜的资讯 | 资讯类视频平台 |
| 美拍 | 在美拍，每天都有新收获 | 女性用户居多，美妆类垂直领域优势比较强 |
| 全民小视频 | 品味达人趣事，发现真实有趣的世界 | 覆盖多种类型的视频，以分享、记录、高颜值居多 |
| 趣头条 | 让阅读更有价值 | 对标抖音极速版和快手极速版，目标为低线用户 |
| 火山 | 朋友，更大世界 | 对标快手，内容更接地气，更适合大众化品牌和人群，功能容易上手 |
| 西瓜 | 给你新鲜好看更多 | 内容频道丰富，影视、游戏、音乐、美食、综艺五大类频道占据平台中的半数视频量 |

## 本章小结

本章主要向读者介绍了短视频相关的基础知识，帮助读者了解短视频的概念特征、社会功能、账号定位和发展历程，并认识了一些常见的短视频平台。通过对本章的学习，希望读者能够很好地掌握短视频的基本知识。

## 课后习题

鉴于本章知识的重要性，为了帮助读者更好地掌握所学知识，本节将通过课后习题，帮助读者进行简单的知识回顾和补充。

1. 短视频的主要特征是什么？
2. 对账号进行定位的方法有哪几个？

# 第 2 章
## 短视频的内容策划

　　对于短视频来说，内容是短视频的核心，一个短视频能否受到用户的喜欢，绝大部分是由短视频的内容决定的。用户之所以会看你的短视频，是因为你的短视频内容吸引了他。本章将从两个方面对短视频的内容策划进行讲解。

## 2.1  抓住用户心理

运营者要想让自己的短视频吸引用户的目光，就要知道用户想的是什么，只有抓住用户的心理，才能策划出他们喜欢的内容，从而增加短视频的播放量。本节将对用户的8种心理进行介绍，帮助运营者通过满足用户的特定需求来策划短视频内容，提高短视频的吸引力。

### 2.1.1  猎奇心理

一般来说，大部分人对那些未知的、刺激的东西都会有一种想要去探索、了解的欲望。所以，运营者在策划短视频内容时，就可以抓住用户的这一特点，让短视频内容充满神秘感，满足用户的猎奇心理，从而获得更多用户的关注。关注的人越多，短视频被点赞、转发的概率就会越大。

这种能满足用户猎奇心理的短视频内容通常都带有一种神秘感，让人觉得看了短视频之后就可以了解事情的真相。

能够满足用户猎奇心理的短视频内容中常常会设下悬念，以引起用户的注意和兴趣。又或者是短视频内容里所出现的东西是用户在日常生活中没见过、没听过的新奇事物，只有这样才会让用户在看到短视频内容后，产生好奇心。图2-1所示为一些充分引起用户好奇心的短视频内容。

图 2-1　引起用户好奇的短视频内容

像这样的具有猎奇性的短视频其实并不一定内容本身就很稀奇，而是在短视频内容策划时，抓住用户喜欢的视角或者是用户好奇心比较大的视角来展开，这样策划的短视频内容能够充分勾起用户的好奇心。

## 2.1.2 学习心理

有一部分用户在观看短视频时，是抱有一种可以通过观看短视频来学到一些有价值的内容，能扩充自己的知识面，增加自己的技能等目的。因此，运营者在制作短视频内容时，就可以将这一因素考虑进去，让自己策划出的短视频内容能够满足用户学习需求的心理。

能满足用户学习心理的短视频，在标题或者内容中可以看出其所蕴藏的价值，相关案例如图2-2所示。

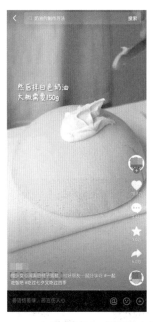

图 2-2　满足用户学习心理的短视频示例

还有一部分用户，在平时刷短视频时并不是漫无目的的，他们可能在刷短视频时往往是想要获得点什么。而"学习型"的短视频就很好地考虑到了这部分用户的需求，因此能更加吸引他们的关注。

通常情况下，在标题文案里就能体现出这个短视频内容的学习价值，这样一来，当用户看到这样的标题文案时，就会抱有一种"在这个短视频中我可以学到一定的知识或技巧"的心态来点击查看短视频内容。

### 2.1.3　感动心理

大部分人都是感性的，容易被情感所左右。这种感性不仅体现在真实的生活中，还体现在他们在观看短视频时也会倾注自己的情感。这也是很多用户在看见有趣的短视频时会捧腹大笑，看见感人的短视频时会心生怜悯，甚至不由自主地流下泪水的原因。

因此，运营者可以从用户的感动心理入手，打造能够满足用户感动心理需求的短视频，打动用户，使用户产生共鸣。所谓能够感动，就是对用户进行心灵情感上的疏导或排解，从而达到让用户产生共鸣的效果。

用户之所以对于一个东西很感动，往往是在这个事物身上看到了世界上美好的一面，或者是用户能在视频中看到自己的影子。图2-3所示为满足用户感动心理的短视频案例。

图 2-3　满足用户感动心理的短视频示例

俗话说"人有七情六欲"，而这"七情"也是人最容易被调动的。只要短视频的内容是从人的内心情感或是从内心情绪上出发的，那么策划出的短视频内容就很容易调动用户的情绪，从而激发用户观看短视频的兴趣。

### 2.1.4　消遣心理

现如今，大部分人有事没事都会掏出手机玩一玩，刷短视频、逛淘宝、浏览微信朋友圈等，从而满足自己的消遣心理。

一部分人之所以会点开各种各样的短视频，大多出于无聊、想要消磨闲暇时光、给自己找点娱乐的目的。面对这类用户，那些以传播搞笑、幽默内容为主的短视频就会比较容易满足这类用户的消遣心理需求。图2-4所示为满足用户消遣心理的搞笑轻松的短视频案例。

图 2-4 满足用户消遣心理的短视频示例

人们在繁杂的工作或者琐碎的生活当中，需要找到一点能够放松自己和调节自己情绪的东西，这时就需要找一些所谓的"消遣"了。那些能够使人们从生活、工作中暂时跳脱出来、娱乐搞笑类型的短视频，大都能够让人们放松下来，使人们的心情变得更好。

运营者在策划短视频内容时，要将重点放在趣味性和幽默性上，使用户在看到短视频时感到轻松愉快。所以，一般这样的短视频内容都带有一定的搞笑成分，或者是轻松娱乐的成分，让用户看完后心情变好。

## 2.1.5 怀旧心理

随着80后、90后逐渐长大成人，这一群体也开始产生了怀旧情结，对于以往的岁月都是值得追忆的。例如，童年时玩的一个玩具娃娃、吃过的食品，这群人看见了都会忍不住发出"仿佛看到了自己的过去！"的感慨。

人们普遍喜欢怀旧是因为小时候无忧无虑、天真快乐，而长大后就会面临各种各样的问题，要面对许许多多复杂的人和事，每当人们遇到一些糟心的事情时，就很容易想起小时候的简单纯粹。

人们喜欢怀旧还有另外一个原因，那就是时光。所谓"时光一去不复返"，对于已经过去的时光，人们就会显得格外想念，所以也就开始怀旧了。

几乎所有的人的怀旧对象都是自己小的时候，小时候的朋友、亲人、吃喝玩乐等一系列事情都值得让人想念，这也就导致了"怀旧风"的袭来。而很多运营者也看到了这一方面的大势所趋，制作了许多"怀旧"类型的短视频。不管是对运营者，还是对于广大的用户来说，这些怀旧的短视频都是一个很好的追寻过去的媒介。

人们对于那些追忆过往的短视频往往会禁不住地想要点进去看一眼，希望能从中找到自己童年的影子。因此，运营者可以策划一些能够引起人们追忆往昔情怀的短视频内容，来满足用户的怀旧心理需求。

能够满足用户怀旧心理需求的短视频内容，通常都会展示一些有关于童年的回忆，比如展示小时候的迷惑行为、玩过的一些小游戏、吃过的小零食等。

图2-5所示为能满足用户追忆心理的短视频内容案例，在这些案例中都使用过去的事或物来引发用户内心"过去的回忆"。越是在怀旧的时候，人们越是想要看看过去的事物，运营者正是抓住了用户的这一心理，进而吸引用户观看短视频内容。

图 2-5　满足用户怀旧心理的短视频示例

### 2.1.6　私心心理

人们总是会对与自己有关的事情多上点心，对与自己利益有一定关系的消息会多一点注意，这是一种很正常的行为。满足用户的私心心理需求，其实就是指满足用户关注与自己利益相关事情的行为。

运营者在策划短视频内容时，可以抓住人们的这一需求，通过打造与用户自身利益相关的内容，来吸引他们的关注。但需要注意的是，如果想要通过这种方式吸引用户，那么短视频中的内容就要做到真正与用户的实际利益有关，不能一点实际价值都没有。

因为，如果每次借用用户的私心心理需求来引起用户的兴趣，可实际却没有满足用户的需求，那么时间久了，用户就会对这种短视频"免疫"，也会对账号失去信任。久而久之，用户不仅不会再看类似的短视频，甚至还会引起用户的反感、拉黑或者投诉此类内容。

图2-6所示为满足用户的私心心理需求的短视频文案示例，它能引起用户的兴趣，从而提高用户的点击查看意愿。从图中的案例可以看出，凡是涉及用户自身利益的事情，用户就会加倍在意，从而对你的短视频感兴趣。

图 2-6　满足用户私心心理的短视频文案示例

这也是这一类短视频在吸引用户关注上屡试不爽的原因。同时，运营者在策划短视频内容时，想要成功抓住用户的"私心"心理，就要在文案上将他们的目光吸引过来。

### 2.1.7　窥探心理

人们有时候很矛盾，不想让自己的秘密、隐私被人知晓，但是又会有窥探他人或者其他事物的秘密的欲望。因此，运营者在策划短视频内容时，可以适当地利用人们的这种窥探秘密的欲望，制作出能够满足用户窥探心理需求的短视频内容，从而吸引更多用户点击观看短视频。

能够满足用户窥探心理的短视频通常都会让人产生一定的联想，继而引导用户去查看短视频内容，以便查探真相。

### 2.1.8　抚慰心理

在这个车水马龙、物欲横流的社会，大部分人都在为自己的生活而努力奋斗，漂泊在异乡，他们与身边人的感情也会产生一种距离感，在生活中、工作上遇见的糟心事也无处诉说。渐渐地，很多人养成了从短视频中寻求关注与安慰的习惯。

短视频是一个能包含很多东西的载体，它有其自身的很多特点，比如无须花费太多金钱，或者是无须花费过多脑力，所以是一种很"平价"的东西。短视频里面所包含的情绪大多可以包含众多人的普遍情况，所以用户在遇到有心灵情感上的问题时，也更愿意去刷短视频来舒缓压力或情绪。

现在很多点击量比较高的情感类短视频就是抓住了用户的这一心理，通过能够感动用户的内容来提高短视频的热度。许多用户想要在短视频中寻求到一定的心灵抚慰，从而更好地投入到生活、学习或者工作当中。

当他们看见那些传递温暖、含有关怀意蕴的短视频时，自身也会产生有一种被温暖、被照顾、被关心的感觉。因此，运营者在策划短视频内容时，可以多使用一些能够温暖人心、给人关注与关怀的内容，满足用户需要抚慰的心理。能够满足用户求抚慰需求的短视频，需真正发自肺腑的情感传递，短视频的内容最好也充满关怀，这样才不会让用户感觉被欺骗。

## 2.2　内容展示技巧

虽然每天都有成千上万的运营者将自己精心制作的短视频上传到各大平台上，但是上了热门的短视频却寥寥无几，那么到底什么样的短视频内容才可以被推荐呢？本节将介绍几个让短视频上热门的常见技巧。

### 2.2.1 记录生活

生活中处处充满美好，缺少的只是发现这些美好事物的眼睛。用心记录生活，生活也会时时回馈给你惊喜。下面我们来看看短视频平台上的达人是如何拍摄平凡的生活片段，来赢得大量用户关注的。

有时候，我们在不经意之间可能会发现一些平时看不到的东西，或者是创造出一些新事物。此时，这些新奇的事物便会显得非常美好。例如，某位运营者将橘子作为主要材料，制作了一个小橘灯，并用这个小橘灯装点了屋子，这便属于自己创造了生活中的美好，如图2-7所示。

图 2-7　创造生活中的美好

生活当中的美好涵盖的面非常广，一些简单的快乐也属于此类。运营者可以多记录一些自己的生活日常来作为短视频素材。

### 2.2.2 传递情感

运营者在短视频中要体现出积极乐观的一面，向用户传递正能量。什么是正能量呢？百度百科给出的解释是："正能量是指一种健康乐观、积极向上的动力和情感，是社会生活中积极向上的行为。"接下来，将从3个方面结合具体案例对正能量进行解读，让大家了解什么样的内容才是正能量的内容。

#### 1.努力拼搏

当用户看到短视频中那些努力拼搏的身影时，会感受到满满的正能量，这会让用户在深受感染之余，从内心产生一种认同感。而用户表达认同的其中一种方式就是点赞，因此那些传达努力拼搏精神的短视频通常比较容易获得较高的点赞量。

　　图 2-8 所示为展示努力拼搏、鼓励人们奋勇向前的短视频，许多对自己的学习和工作感到迷茫的用户看到该短视频后，便找到了奋勇向前的力量和努力拼搏的动力，于是纷纷为该短视频点赞。

图 2-8　展示努力拼搏内容的短视频

2. 好人好事

　　好人好事包含的范围很广，它包含但不限于见义勇为、为他人伸张正义、拾金不昧等。图2-9所示为一个高速收费站工作人员在危急情况下救下了一位司机的短视频，该条短视频收获了百万点赞。

图 2-9　展示做好人好事内容的短视频

用户在看到这类视频时，会从那些做好人好事的人身上看到善意，感觉到这个社会的温暖。同时，这类视频很容易触及用户柔软的内心，让其看后忍不住想要点赞。

### 3. 文化内容

文化内容包含琴、棋、诗、词、歌、赋、书法等，这类内容在短视频平台中具有较强的号召力。如果运营者有文化内容方面的特长，可以通过短视频展示出来，让用户感受文化的魅力，同样也是文化传承的一种方式。图2-10所示的短视频就是通过演奏古筝让人感受到中国传统乐器的魅力。

图 2-10　展示文化内容的短视频

## 2.2.3　设计剧情

短视频中出人意料的反转，往往能让人眼前一亮。运营者在制作视频内容时要打破惯性思维，使用户在看开头时猜不透结局的动向。这样，当用户看到结果时，便会豁然开朗，忍不住为其点赞。

图2-11所示为一条剧情反转的短视频画面，在该段短视频中，一位外卖小哥走进电梯，电梯中的一个人对外卖小哥说："你别上了。"这样一句话引来了旁人的指责，有人愤愤不平地为外卖小哥伸张正义。然而话音一落，外卖小哥一边拿出外卖递给阻止他进电梯的人，一边说："这还用上去吗？"

这个短视频的反转剧情之所以能获得许多用户的点赞，主要就是因为日常生活中存在一些这种类似的情景，而反转设计得也很巧妙，让观众意想不到。

图 2-11　剧情反转的短视频

## 2.2.4　创意脑洞

具有奇思妙想的内容从来不缺少粉丝的点赞和喜爱，因为这些短视频中的创意会让用户感觉很奇妙，甚至觉得非常神奇。

运营者可以结合自身优势，打造出短视频创意。例如，一名擅长做手工的运营者拍摄了一条自己制作音响的短视频，用户在看到该短视频后，因其独特的创意和高超的技艺而纷纷点赞，如图2-12所示。

图 2-12　展示创意手工制作的短视频

除了展示各种技艺，运营者还可以通过奇思妙想，打造一些生活技巧和妙招。

## 2.2.5 话题讨论

很多运营者发布的内容都是原创，在制作内容方面也花费了不少心思，但是却得不到系统的推荐，点赞和评论都很少，这是为什么呢？

其实，一条短视频想要在平台上火起来，除了天时、地利和人和，还有两个重要的"秘籍"，一是要有足够吸引人的全新创意，二是内容的丰富性。运营者要想做到这两点，还需要紧抓热点话题，丰富自己的短视频账号的内容形式，发展更多的创意玩法。

具体来说，紧跟热门话题的方法有两种，一是根据当前发生的大事、大众热议的话题来打造内容。

例如，2023年是闰二月的年份，且有着"二月二，龙抬头"的说法，闰二月便出现了两次"龙抬头"，因为这样的闰年很难遇见，所以很快就引发了人们的热议。于是，部分运营者便围绕该话题策划了短视频内容，该内容也很快引起许多用户的点赞和评论，如图2-13所示。

图2-13　围绕"二月二，龙抬头"这个话题打造的短视频

二是根据其他平台的热门话题来打造内容。各大短视频平台的用户具有一定的相似性，因此在某个视频平台中受欢迎的话题，拿到其他视频平台上，可能同样也会吸引大量用户的目光。

而且，有的短视频平台暂时还没有一个展示官方话题的固定板块，所以与其漫无目的地搜索，不如借用其他视频平台中的热门话题来打造视频内容。

许多平台都会展示一些热门话题，运营者可以找到这些平台中的热门话题，然后结合相关话题打造短视频内容，并进行发布。那么，如何寻找视频平台推出的热门话题呢？接下来以抖音为例进行具体说明。

步骤 01　打开抖音App，点击"首页"界面右上方的 🔍 图标，如图2-14所示。

步骤 02　进入抖音搜索界面，在该界面的"抖音热榜"中会出现一些"当前"的热门事件，如图2-15所示。

图 2-14　点击相应的图标

图 2-15　查看抖音的热门事件

## 本章小结

本章主要向读者介绍了短视频内容策划的相关知识，帮助读者了解抓住用户心理的一些方法，并学会一些内容展示的技巧。通过对本章的学习，希望读者能够较好地掌握短视频的内容策划方法。

## 课后习题

鉴于本章知识的重要性，为了帮助读者更好地掌握所学知识，本节将通过课后习题，帮助读者进行简单的知识回顾和补充。

1. 用户心理主要有哪几种？

2. 根据所学的用户心理和内容展示技巧，创作一条短视频。

# 第 3 章
## 短视频的脚本创作

对于短视频来说，脚本的作用与电影中的剧本类似，不仅可以用来确定故事的发展方向，而且能够提高短视频拍摄的效率和质量，同时还可以指导短视频的后期剪辑。本章主要介绍短视频脚本的创作方法和思路。

## *3.1* 脚本创作方法

在很多人眼中，短视频似乎比电影还好看，很多短视频不仅画面和BGM（Background Music，背景音乐）劲爆、转折巧妙，而且剧情不拖泥带水，能够让人"流连忘返"。

而这些精彩的短视频背后都是靠短视频脚本来承载的，脚本是整个短视频内容的大纲，对于剧情的发展与走向起着决定性作用。因此，运营者需要写好短视频的脚本，让短视频的内容更加优质，这样才有更多机会上热门。

### 3.1.1　脚本的概念

脚本是运营者拍摄短视频的主要依据，能够提前统筹安排好短视频拍摄过程中的所有事项，如什么时候拍、用什么设备拍、拍什么背景、拍谁及怎么拍等。表3-1所示为一个简单的短视频脚本模板。

表 3-1　一个简单的短视频脚本模板

| 镜号 | 景别 | 运镜 | 画面 | 设备 | 备注 |
|------|------|------|------|------|------|
| 1 | 远景 | 固定镜头 | 在天桥上俯拍城市中的车流 | 手机广角镜头 | 延时摄影 |
| 2 | 全景 | 跟随运镜 | 拍摄主角从天桥上走过的画面 | 手持稳定器 | 慢镜头 |
| 3 | 近景 | 上升运镜 | 从人物手部拍到头部 | 手持拍摄 | |
| 4 | 特写 | 固定镜头 | 人物脸上露出开心的表情 | 三脚架 | |
| 5 | 中景 | 跟随运镜 | 拍摄人物走下天桥楼梯的画面 | 手持稳定器 | |
| 6 | 全景 | 固定镜头 | 拍摄人物与朋友见面问候的场景 | 三脚架 | |
| 7 | 近景 | 固定镜头 | 拍摄两人手牵手的温馨画面 | 三脚架 | 后期背景虚化 |
| 8 | 远景 | 固定镜头 | 拍摄两人走向街道远处的画面 | 三脚架 | 欢快的背景音乐 |

在创作一个短视频的过程中，所有参与前期拍摄和后期剪辑的人员都需要遵从脚本的安排，包括摄影师、演员、道具师、化妆师、剪辑师等。如果短视频没有脚本，很容易出现各种问题，如拍到一半发现场景不合适，或者道具没准备好，或者缺少演员，需要花费大量时间和资金去重新安排和做准备。这样，不仅浪费时间和金钱，而且也很难做出想要的短视频效果。

### 3.1.2　脚本的作用

如果没有脚本作为拍摄和剪辑的依据，那么运营者在制作短视频过程中的每一步都会很难走。脚本的最大作用就是提前安排好每一个视频画面，从而提高工作效率，并保证短视频的质量。图3-1所示为短视频脚本的作用。

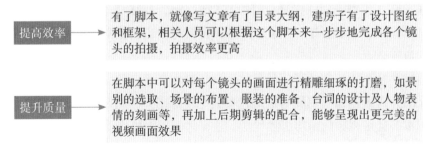

提高效率 → 有了脚本，就像写文章有了目录大纲，建房子有了设计图纸和框架，相关人员可以根据这个脚本来一步一步地完成各个镜头的拍摄，拍摄效率更高

提升质量 → 在脚本中可以对每个镜头的画面进行精雕细琢的打磨，如景别的选取、场景的布置、服装的准备、台词的设计及人物表情的刻画等，再加上后期剪辑的配合，能够呈现出更完美的视频画面效果

图 3-1　短视频脚本的作用

### 3.1.3　脚本的类型

短视频的时间虽然很短，但只要运营者足够用心，精心设计短视频的脚本和每一个镜头画面，就能让短视频的内容更加优质，从而获得更多上热门的机会。短视频脚本一般分为分镜头脚本、拍摄提纲和文学脚本3种，如图3-2所示。

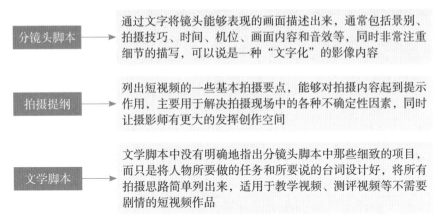

分镜头脚本 → 通过文字将镜头能够表现的画面描述出来，通常包括景别、拍摄技巧、时间、机位、画面内容和音效等，同时非常注重细节的描写，可以说是一种"文字化"的影像内容

拍摄提纲 → 列出短视频的一些基本拍摄要点，能够对拍摄内容起到提示作用，主要用于解决拍摄现场中的各种不确定性因素，同时让摄影师有更大的发挥创作空间

文学脚本 → 文学脚本中没有明确地指出分镜头脚本中那些细致的项目，而只是将人物所要做的任务和所要说的台词设计好，将所有拍摄思路简单列出来，适用于教学视频、测评视频等不需要剧情的短视频作品

图 3-2　短视频的脚本类型

总结一下，分镜头脚本适用于剧情类的短视频内容，拍摄提纲适用于访谈类或资讯类的短视频内容，文学脚本则适用于没有剧情的短视频内容。

### 3.1.4　整体思路

当运营者正式开始创作短视频脚本前，需要做好一些前期准备，将短视频的整体拍摄思路确定好，同时制定一个基本的创作流程。图3-3所示为编写短视频脚本的前期准备工作。

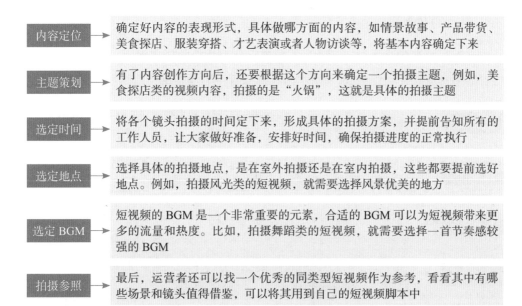

图 3-3　策划短视频脚本的前期准备工作

## 3.1.5　基本要素

在短视频脚本中，运营者需要认真设计每一个镜头。下面主要从6个基本要素来介绍短视频脚本的策划方法，如图3-4所示。

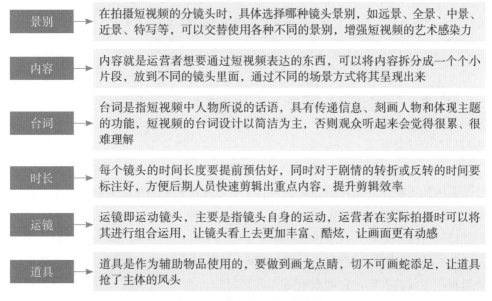

图 3-4　短视频脚本的基本要素

### 3.1.6　写作流程

在编写短视频脚本时，运营者需要遵循化繁为简的形式规则，同时需要确保内容的丰富度和完整性。图3-5所示为短视频脚本的基本编写流程。

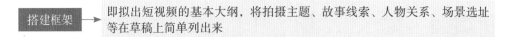

搭建框架 ▶ 即拟出短视频的基本大纲，将拍摄主题、故事线索、人物关系、场景选址等在草稿上简单列出来

明确主题 ▶ 找出短视频的中心主题，即短视频的内涵是什么，或者运营者想要表达怎样的思想，围绕主题来写出具体的大纲

设置角色 ▶ 即短视频中要出现哪些人物，他们分别担任什么角色，或者需要完成什么任务

选择场景 ▶ 找出与每个镜头主题相搭配的拍摄地点，以及场景中用到的道具，将其写到脚本中，如拍摄聚餐的场景时可以选择餐厅

设计情节 ▶ 即短视频的剧情是如何发展的，如顺叙、插叙、倒叙等方式，情节的设计要能够充分调动观众的情绪

运用影调 ▶ 在短视频中表达不同的情绪时，可以运用影调来增加这种情绪的氛围感，如搞笑的画面可以搭配暖色调

背景音乐 ▶ 除了影调，还可以利用背景音乐来渲染剧情气氛，例如，搞笑的短视频可以搭配一些笑声作为音效

图 3-5　短视频脚本的基本编写流程

### 3.1.7　剧情策划

剧情策划是脚本策划过程中需要重点把握的内容。在策划剧情的过程中，运营者需要从两个方面做好详细的设定，即人物设定和场景设定。

1. 人物设定

人物设定的关键就在于通过人物的台词、情绪的变化和性格的塑造来构建一个立体的形象，让用户看完短视频后，就对短视频中的相关人物留下深刻的印象。此外，成功的人物设定还能让用户通过人物的表现，对人物面临的相关情况更加感同身受。

图3-6所示为某个短视频的相关画面，该视频中运营者需要一人分饰多角，并且根据不同的人物设定做出不同的反应。

图 3-6　某短视频的相关画面

对于这种类型的视频，运营者在策划时就应该从性格、语言表达和服装等方面明确不同角色的设定，这样用户在观看视频时就能看出角色间的巨大反差。

2. 场景设定

场景的设定不仅能够对短视频内容起到渲染作用，还能让短视频的画面更加具有美感，更能吸引用户的关注。

具体来说，运营者在策划脚本时，可以根据短视频主题的需求，对场景进行具体设定。例如，运营者要制作宣传厨具的短视频，便可以在策划脚本时把场景设定在一个厨房中。

## 3.1.8　台词设计

在短视频中，人物对话主要包括短视频的旁白和人物的台词。短视频中人物的对话不仅能够对剧情起到推动作用，还能显示出人物的性格特征。例如，如果运营者要打造一个勤俭持家的人物形象，就可以在短视频中展示人物买菜时与店主讨价还价的场景。

因此，运营者在策划脚本时需要重视人物对话，一定要结合人物的形象来设计对话。有时为了让用户对视频中的人物留下深刻印象，运营者甚至需要为人物设计口头禅。图3-7所示为设计的口头禅短视频示例。

图 3-7　设计的口头禅短视频示例

### 3.1.9　分镜头策划

　　脚本分镜就是在策划脚本时将短视频内容分割为一个个具体的镜头，并针对具体的镜头来策划内容。通常来说，脚本分镜主要包括分镜头的拍法（包括景别和运镜方式）、镜头的时长、镜头的画面内容、旁白和背景音乐等。好的分镜必须做好减法，这样不仅可以使画面更丰富，也能更好地帮助用户理解画面内容。

　　脚本分镜实际上就是将短视频制作这个大项目，分为一个个具体可实行的小项目（即一个个分镜头）。因此，在策划分镜头内容时，不仅要将镜头内容具体化，还要考虑分镜头拍摄的可操作性。

## 3.2　脚本内容策划

　　脚本的策划对于短视频制作来说至关重要，那么短视频脚本内容要怎样来策划呢？运营者可以从短视频的个性、热点和创意这3个方面来考虑，本节就来分别进行解读。

### 3.2.1　个性鲜明

　　个性化的表达能够加深用户的第一印象，让用户看一眼就能记住短视频内容。

图3-8所示为某短视频的相关画面，该短视频便是通过个性化的文字表达来赢得用户关注的。

图 3-8　个性化的文字表达

对于运营者而言，每一个优质的短视频刚开始时都只是一张白纸，需要创作者不断地在脚本中添加内容，才能成型。而个性化的短视频则可以通过清晰、别样的表达，来吸引用户看完你的短视频并关注你的账号。

## 3.2.2　抓住热点

热点之所以能成为热点，就是因为被很多人关注，把它给炒热了。而某个内容成为热点后，许多人便会对其多一分兴趣。所以，在脚本策划的过程中如果能够围绕热点打造内容，那么打造出来的短视频就能更好地吸引用户。

2023年1月开始，随着电视剧《狂飙》的热播，该电视剧及相关演员一时间都成为热点话题，与该剧相关的短视频内容也受到了许多用户的欢迎。正因如此，很多运营者开始围绕该电视剧策划脚本，并打造了相关的短视频内容，如图3-9所示。

果然，这些短视频内容发布之后，短期内便吸引了大量用户的关注，相关短视频的多项数据也创造了新高。由此不难看出，围绕热点打造脚本对于短视频宣传推广的助益。

图 3-9　围绕热点打造的短视频

### 3.2.3　创意新颖

创意对于任何行业而言都十分重要，尤其是在网络信息极其发达的社会中，自主创新的内容往往能够让人眼前一亮，进而获得更多用户的关注。

图3-10所示为两条具有创意的短视频画面，该账号的运营者打造了一个虚拟世界和虚拟人物形象，画面十分独特、精美，而且视频中打造的场景有的让人觉得十分贴近生活，有的则让人产生向往，很多用户都为这些创意纷纷点赞。

图 3-10　具有创意的短视频

创意是为短视频主题进行服务的，所以短视频中的创意必须与主题有直接关系，创意不能生搬硬套、牵强附会。在常见的优秀案例中，文字和图片的双重创意往往比单一的创意更能打动人心。

对于正在创作中的短视频而言，要想突出相关产品和内容的特点，还要在保持创意的前提下通过多种方式更好地编写脚本，并打造短视频内容。短视频脚本的表达主要有8个方面的要求，具体为词语优美、方便传播、易于识别、内容流畅、契合主题、易于记忆、符合音韵和突出重点。

## **3.3** 脚本剧情设计

相比于一般的短视频，那些带有情节的故事类短视频往往更能吸引用户的目光，让用户有兴趣看完整段视频。当然，绝大多数短视频的情节都是设计出来的，那么如何通过设计让短视频的情节更具有戏剧性、更能吸引用户的目光呢？本节将介绍6种脚本剧情设计的方法。

### 3.3.1　打造标签

在账号的运营过程中，运营者应该对短视频内容进行准确的定位，即确定该账号侧重于发布哪方面的内容。内容定位完成后，运营者可以根据定位设计剧情，并通过短视频来加强人设的特征。

人设就是人物设定，简单理解就是给运营者贴上一些特定的标签，让用户可以通过这些标签准确地把握运营者的某些特征，进而让运营者的形象在用户心中留下深刻印象。

### 3.3.2　传递快乐

以抖音App为例，打开抖音App，随便刷几个短视频，就会看到其中有搞笑类的视频内容。这是因为刷短视频毕竟是人们在闲暇时间用来放松或消遣的娱乐方式，因此平台也非常喜欢这种搞笑类的视频内容，更愿意将这些内容推送给观众，增加观众对平台的好感，同时让平台变得更为活跃。

因此，运营者要了解平台的喜爱，制作平台喜欢的内容，可以在自己的短视频中添加一些搞笑元素，增加内容的吸引力，让观众看完视频后乐开了花，忍不住要给你点赞。运营者在拍摄搞笑类短视频时，可以从剧情恶搞、创意剪辑和犀利吐槽3个方面入手策划，具体如图3-11所示。

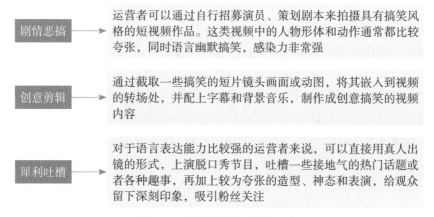

| 剧情恶搞 | 运营者可以通过自行招募演员、策划剧本来拍摄具有搞笑风格的短视频作品。这类视频中的人物形体和动作通常都比较夸张，同时语言幽默搞笑，感染力非常强 |

创意剪辑 → 通过截取一些搞笑的短片镜头画面或动图，将其嵌入到视频的转场处，并配上字幕和背景音乐，制作成创意搞笑的视频内容

犀利吐槽 → 对于语言表达能力比较强的运营者来说，可以直接用真人出镜的形式，上演脱口秀节目，吐槽一些接地气的热门话题或者各种趣事，再加上较为夸张的造型、神态和表演，给观众留下深刻印象，吸引粉丝关注

图 3-11　搞笑类短视频的策划要点

图3-12所示为某短视频的相关画面，该视频通过将多个段子进行组合给用户传递快乐。因为视频中的这些段子本身就比较幽默，而且后期的配音也起到了画龙点睛的作用，所以该视频很容易就吸引到许多用户的目光。

图 3-12　幽默搞笑的短视频

看完这个短视频后，许多用户都会觉得这个短视频非常幽默、搞笑。因此，看完之后都不禁会心一笑，为短视频的剧情点赞。

另外，搞笑类的视频内容涉及面非常广，各种酸甜苦辣应有尽有，不会让观众产生审美疲劳，这也是很多人喜欢搞笑段子的原因。

许多用户之所以刷短视频，就是希望从短视频中获得快乐，从而对自己的负面情绪起到一定的宣泄作用。基于这一点，运营者要会写段子，通过幽默搞笑的短视频剧情，给用户传递快乐。

### 3.3.3　找准槽点

一条短视频评论要想快速吸引用户的目光，就必须带有一定的亮点。这个亮点包含的范围很广，既可以是迎合了热点、击中了痛点、提供痒点，也可以是表达幽默风趣，还可以是充满了槽点。

所谓槽点，就是让人看完之后，觉得想一起"吐槽"。运营者可以把社会上的不良现象或者热点事件插入到自己的短视频中，引起用户对这种问题的思考和讨论，提高互动性。

### 3.3.4　挖掘潜在兴趣

挖掘用户的潜在兴趣，即"痒点"，简单理解就是一个让人看到短视频时觉得心里痒痒的，忍不住想要看完，如图3-13所示。

图 3-13　有"痒点"的短视频

有"痒点"的短视频不仅能够快速吸引用户的关注，让短视频内容被更多用户看到，而且运营者还可以通过这些"痒点"吸引用户评论，从而提高他们对短视频的参与度。

### 3.3.5 抓住痛点

运营者在对短视频进行创作时，可以找到用户的痛点，通过满足用户某方面的需求来吸引他们的关注，这一点在引导用户购买商品时尤其重要。

图3-14所示为一条关于小个子穿搭的短视频画面，该运营者抓住了小个子用户想要显高的这一痛点，全方位地为用户提供穿搭建议。该运营者还直接将身高写在了账号名字中，在一定程度上增加了用户对该账号的信任度。

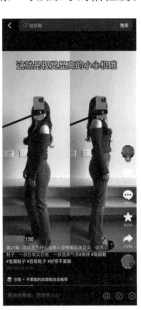

图 3-14　抓住用户痛点的短视频

### 3.3.6 制造爆点

人们总是会被各种情感所感动，特别是那些能激励人们奋发向上的正能量，更是激起用户感动情绪的重要原因之一，也是短视频的爆点所在。

图3-15所示为讲述中国第一代航天人感人故事的短视频画面，看到这样的视频，很多人都会被感动，并产生一种敬意，让用户产生这样的情绪就是这类短视频最大的爆点。

对于用户而言，短视频平台更多的是作为一个打发无聊、闲暇时光的存在。而运营者可以分析平台上这类用户群体的特点，多发布一些能激励人心、感动大家的短视频内容，从而让无聊变成"有聊"，让闲暇时光充实起来，这也符合短视频平台的初心。

图 3-15　讲述第一代航天人感人故事的短视频

## 本章小结

　　本章主要向读者介绍了短视频脚本创作的相关知识，帮助读者了解短视频脚本创作的方法、短视频的剧情策划技巧，并学会脚本内容的策划及巧妙设计剧情的方法。通过对本章的学习，希望读者能够较好地掌握短视频脚本创作的方法。

## 课后习题

　　鉴于本章知识的重要性，为了帮助读者更好地掌握所学知识，本节将通过课后习题，帮助读者进行简单的知识回顾和补充。

　　1. 脚本类型有哪几种？

　　2. 短视频的剧情设定主要从哪些方面入手？

# 第 4 章

# 确定短视频拍摄工具

　　相比于专业的单反相机和摄像机来说，智能手机的拍摄效果虽然比不上专业设备，但却是最常见、最简单的拍摄工具。只要掌握好技巧，使用它同样能够拍出理想的视频效果。本章主要介绍手机、辅助设备等拍摄工具的选择和使用技巧，为大家提供参考。

## *4.1*　手机和辅助工具

人们生活中最常接触的拍摄设备就是智能手机，智能手机的选择对于短视频的拍摄有着一定影响，那么如何选择合适的手机呢？在拍摄时，除了手机，是否还可以利用其他工具来辅助拍摄呢？本节将为大家分享几款适合拍照的手机和辅助手机拍摄的工具。

### 4.1.1　手机

智能手机的摄影技术在过去几年里得到了长足进步，手机摄影也变得越来越流行，其主要原因在于手机摄影功能越来越强大、手机价格比单反更具竞争力、移动互联时代分享上传视频更便捷等，而且手机可以随身携带，能够满足随时随地拍视频的需求，让更多的人进入到这个"全民拍短视频时代"中。因此，智能手机成为拍摄短视频的主要工具。

例如，OPPO Reno9 Pro+手机，其后置5000万像素主镜头+800万像素广角镜头+200万像素黑白镜头三摄。

并且，OPPO Reno9 Pro+ 手机支持超级夜景视频、视频超级防抖等拍摄功能，为用户带来了不可多得的拍摄体验，可以拍出栩栩如生的画面，如图 4-1 所示。

图 4-1　OPPO Reno9 Pro+ 手机拍摄的画面

现如今，为了满足消费者的需求，越来越多的智能手机开发商更加注重手机的摄像功能研发，并且在这方面倾注了很多心血，因此几乎任意一款智能手机都可以满足用户拍视频的需求，大家只需根据自己的爱好、资金等情况进行选择即可。

## 4.1.2 稳定工具

单用智能手机拍摄视频，很容易发生抖动、不稳定的情况，从而影响视频的观赏度。因此在拍摄过程中，可以准备一些固定手机的工具，如手机支架、手持云台、手持稳定器、手机三脚架、自拍杆等，简要介绍如下。

### 1. 手机支架

手机支架又称为懒人支架，手机支架可以起到固定、支撑的作用，不用手拿着也可以轻松拍视频。目前市面上有两种常见的手机支架类型，一种是底部是夹板式的手机支架，可以弯曲；另一种则是支架的底部采用螺旋设计，通过旋转螺母固定整个支架，逆时针旋转螺母即可松开。固定底部支架时，可以夹在桌子边缘或者书架上，固定时要锁紧螺母。

### 2. 手持云台

手持云台是指安装和固定手机的设备，是一种专业的拍摄辅助工具。它是一种对手机起支撑作用的工具，多用于影视剧拍摄中，分为固定和电动两种。固定云台相比电动云台来说，视野范围和云台本身的活动范围较小；电动云台则能容纳更大的范围。

手持云台的原理是将云台的自动稳定系统放置在手机视频拍摄上来，它能自动根据视频拍摄者的运动或角度调整手机方向，使手机一直保持在一个平稳的状态，无论视频拍摄者在拍摄视频期间如何运动，手持云台都能保证手机视频拍摄的稳定性，如图4-2所示。

图4-2　手持云台

　　手持云台不仅可以轻松承载各种大尺寸手机，而且还能结合多样化的拓展性配件来搭配使用，如外挂式镜头和柔光灯等工具。用户在使用时只需通过手动拨杆，便可实时调整镜头焦距，轻轻松松拍出惊艳的短视频。

　　3. 手持稳定器

　　手持稳定器可以在拍摄视频时起到很好的稳定作用，让拍摄者拍出具有专业性的视频画面。目前，市面上比较热门的稳定器有智云、飞宇、魔爪、影能星云等。稳定器比手机云台的功能更多，也更加方便。例如，智云SMOOTH 5采用全按键设计，功能按键齐全，可以减少触屏次数，真正做到一键操控，实现一键拍摄各种不同场景的视频。图4-3所示为智云稳定器可以调节的按键。

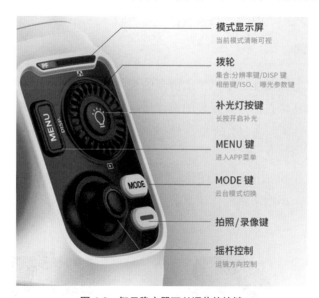

图 4-3　智云稳定器可以调节的按键

★ 专家提醒 ★

　　稳定器连接上手机后，无须在手机上操作，就能实现自动变焦和视频滤镜切换，对于手机视频拍摄者来说，稳定器是一个不错的选择。

　　4. 手机三脚架

　　三脚架因有3条"腿"而得名，三角形是公认的最稳固的图形，因此三脚架的稳定性可见一斑。而手机三脚架就是用于固定手机的三脚架。

　　手机三脚架的最大优势就是稳定性，在拍摄延时视频、流水、流云等运动性的事物时，它能很好地保持拍摄器材的稳定，从而拍出优质的视频效果。一般而言，使用手机三脚架有以下3种情形。

① 当使用手机拍摄视频时，应当使用三脚架进行支撑，消除手抖。

② 拍摄夜景、光绘、星星时，需要较长的时间，手持拍摄的效果不太理想，因此借助三脚架进行辅助拍摄，可以使画面更加平稳。

③ 录制视频时，如果手持画面一般都会晃动或不平，而手机三脚架能使画面保持平衡。

**5. 自拍杆**

自拍杆能够在一定的长度内随意伸缩，只需要将手机固定在伸缩杆上，通过遥控器就能实现多角度自拍。通过自拍杆将手机摄像头固定在上端，即可上下调整角度，进行俯拍、侧拍、45°角拍摄等，尤其是在使用前置镜头时，有了自拍杆的辅助，可以使拍摄的画面效果更佳。

### 4.1.3　辅助器

除了使用稳定设备能让手机拍出清晰的视频画面，辅助器材的使用对拍摄也有很大帮助，尤其是在提升短视频的成像质量方面。下面将分享一些辅助器材的相关知识。

**1. 小型滑轨**

小型滑轨是手机拍摄视频时用到的辅助工具之一，如图4-4所示。在拍摄外景、动态场景时，小型滑轨的作用显著。因为它的质量小、体积较轻，方便用户外出时携带。

图 4-4　小型滑轨

需要注意的是，在使用小型滑轨拍摄短视频时，脚架的选择相当重要，会直接影响拍摄的稳定性和流畅性。如果选择稳定性不高、重量不足的脚架，滑轨在滑动时可能会因为底部得不到有效支撑，导致出现拍摄画面不稳、不流畅的现象。因此，拍摄者在使用滑轨时最好选择重量合适的脚架。

2. 四合一镜头

四合一镜头主要是将微距镜头、广角镜头、鱼眼镜头和偏振镜组合到一起，然后将其外接到手机的摄像头上，从而可以满足多种拍摄需求，详细介绍如图4-5所示。

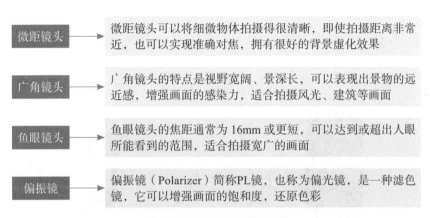

| 微距镜头 | 微距镜头可以将细微物体拍摄得很清晰，即使拍摄距离非常近，也可以实现准确对焦，拥有很好的背景虚化效果 |
| 广角镜头 | 广角镜头的特点是视野宽阔、景深长，可以表现出景物的远近感，增强画面的感染力，适合拍摄风光、建筑等画面 |
| 鱼眼镜头 | 鱼眼镜头的焦距通常为16mm或更短，可以达到或超出人眼所能看到的范围，适合拍摄宽广的画面 |
| 偏振镜 | 偏振镜（Polarizer）简称PL镜，也称为偏光镜，是一种滤色镜，它可以增强画面的饱和度，还原色彩 |

图4-5　四合一镜头的详细介绍

图4-6所示为使用手机微距镜头拍摄的画面效果。

图 4-6　使用手机微距镜头拍摄的画面效果

3. 录音设备

拍摄普通的短视频，直接使用手机录音即可，而对于采访类、教程类、主持类、情感类或者剧情类的短视频来说，则对声音的要求比较高，推荐大家在

TASCAM、ZOOM及SONY等品牌中选择一些高性价比的录音设备。

（1）TASCAM：这个品牌的录音设备具有稳定的音质和持久的耐用性。例如，TASCAM DR-05X录音笔的体积非常小，适合单手持用，可以保证采集的人声更为集中与清晰，收录效果非常好，适用于拍摄谈话节目类的短视频场景，如图4-7所示。

（2）ZOOM：ZOOM品牌的录音设备做工与质感都不错，而且支持多个话筒，可以多种用途使用，适合录制多人谈话节目和情景剧类型的短视频。图4-8所示为ZOOM H1N手持数字录音机，这款便携式录音机能够真实还原拍摄现场的声音，录制的立体声效果可以增强短视频的真实感。

图 4-7　TASCAM DR-05X 录音笔

图 4-8　ZOOM H1N 手持数字录音机

（3）SONY：SONY品牌的录音设备体积较小，比较适合录制各种单人短视频，如教程类或主持类的应用场景。图4-9所示为索尼ICD-TX660录音笔，不仅小巧便捷，可以随身携带录音，而且还具有智能降噪、7种录音场景、宽广立体声录音及立体式麦克风等特殊功能。

图 4-9　索尼 ICD-TX660 录音笔

4. 灯光设备

在室内或者专业摄影棚内拍摄短视频时，通常要保证光感清晰、环境敞亮、可视物品整洁，因此需要有明亮的灯光和干净的背景。光线是获得清晰视频画面的有力保障，不仅能够增强画面氛围，而且还可以利用光线创作出有艺术感的短视频作品。

而灯光设备可以更多地捕捉光线，从而使视频画面达到好的效果。常见的灯光设备有摄影灯箱、顶部射灯、美颜面光灯等。

5. 其他设备

除了以上介绍的辅助设备，还有一些其他的设备也能帮助用户使用手机即可拍出高质量的短视频效果，下面一一介绍。

（1）绿色背景布：这是拍摄创意合成类短视频必不可缺的设备，方便运营者进行抠像合成、更换背景等视频处理，适用于各种后期场景，如图4-10所示。

（2）小摇臂：使用小摇臂来固定手机，可以360°旋转拍摄，并能通过手柄来控制镜头的俯仰程度，实现不同角度的拍摄效果，如图4-11所示。

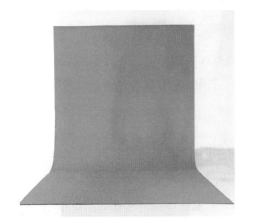

图 4-10  绿色背景布

图 4-11  小摇臂设备

（3）提词器：提词器可以导入文本和图片，显示文案内容，主要用于拍摄口播、歌曲MV、美食制作、产品带货、课程培训、名家专访、新闻评论、影视解说及开箱评测等类型的短视频场景，还可以用来播放歌词，能够极大地提高短视频的拍摄效率。

（4）无线图传：无线图传设备主要用于图像传输和画面监看，适用于活动直播和视频拍摄等场景，能够让拍摄者在使用稳定器拍摄高难度的运动镜头时，实时观察手机或平板等监看设备，并根据画面效果进行适当的运镜调整。

## 4.2 手机基础拍摄功能

常言道："工欲善其事，必先利其器"，选择好合适的拍摄工具后，便可以通过设置智能手机的拍摄参数来实现想要的视频效果。本节将以OPPO Reno4手机为例，具体介绍设置智能手机的视频拍摄功能的方法。

### 4.2.1 持机技巧

拍摄器材是否稳定，会在很大程度上决定视频画面的清晰度，如果手机在拍摄时不够稳定，就会导致拍摄出来的视频画面也跟着摇晃，从而使画面变得十分模糊。如果手机被固定好，那么在视频的拍摄过程中就会十分平稳，拍摄出来的视频画面效果也会非常清晰。

大部分情况下，在拍摄短视频时，都是用手持的方式来保持拍摄设备的稳定性。具体来说，可以使用双手持握手机，类似于展开画卷的方式持握，能够确保手机拍摄画面的稳定性。

### 4.2.2 视频拍摄功能

随着手机功能的不断升级，智能手机都有视频拍摄功能，但不同品牌或型号的手机，视频拍摄功能也会有所差别。下面主要以OPPO Reno4手机为例，介绍手机相机拍摄功能的设置技巧。

#### 1. 闪光灯设置

闪光灯是一种手机自带的能以非常快的速度打出一道强光的功能。手机自带的闪光灯通常位于手机后置摄像头附近位置，这样的设置能更好地拍摄出画面效果。

闪光灯通常用于在昏暗的环境中或夜晚进行摄影时开启，能够弥补由于夜晚光线不足而无法照亮主体的缺陷。开启闪光灯后，主体被完全照亮，曝光充足，焦点准确。在手机相机中点击"闪光灯"按钮，就可以在录制视频时设置闪光灯功能。

步骤 01 在手机上打开手机相机后，点击"视频"按钮，如图4-12所示，即可进入"视频"录制界面。

步骤 02 点击"闪光灯"按钮，进入相应界面，即可设置闪光灯的开启和关闭，如图4-13所示，默认状态下闪光灯为关闭状态。点击按钮，还可以开启视频夜景功能，在夜晚拍视频时可以进一步为视频画面补光。

图 4-12　点击"视频"按钮　　　　图 4-13　点击相应的按钮

使用闪光灯录制的夜景视频画面如图4-14所示。

图 4-14　使用闪光灯录制的夜景视频画面

2. 网格辅助设置

在同样的色彩、影调和清晰度下，构图更好的短视频画面给人的美感也更高。在使用手机拍摄视频时，可以充分利用相机内的网格功能，帮助用户更好地进行构图，获得更完美的画面比例。下面介绍打开手机网格辅助线的方法。

❶点击 ⋮ 图标；❷在打开的面板中点击"设置"按钮，进入"设置"界面；❸点击"参考线"按钮；❹在打开的面板中选择"网格线"选项，即可打开九宫格辅助线，可以帮助用户更好地进行构图取景，如图4-15所示。

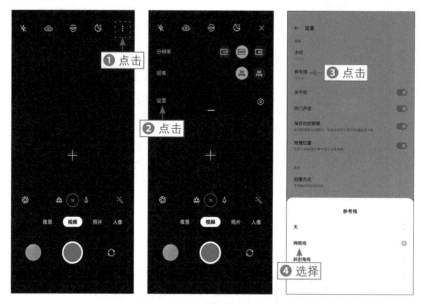

图 4-15　打开网格辅助线的方法

网格功能通常采用3×3平分的方式，将手机屏幕分成9个大小相等的格子。在拍摄时，可以将要突出的主体对象安排在这些网格线条内居中的位置或者4个交叉点的位置上，通过不同的构图让视频画面呈现出不同的效果。图4-16所示为使用网格功能拍摄的视频画面。

图 4-16　使用网格功能拍摄的视频画面

### 4.2.3　分辨率和帧率

在拍摄短视频之前，运营者需要设置好相应的视频分辨率和帧率，通常建议将分辨率设置为1080P（FHD）、18：9（FHD+）、4K（UHD）或者8K（超高清视频技术）等。

· 1080P又可以称为FHD（即FULL HD，是Full High Definition的缩写，即全高清模式），一般能达到1920×1080的分辨率。

· 18：9（FHD+）是一种略高于2K的分辨率，也就是加强版的1080P。

· UHD（Ultra High Definition的缩写）是一种超高清模式，即通常所指的4K，具有4096×2160分辨率的超精细画面。

· 8K能达到7680×4320的分辨率，是目前电视视频技术的最高水平。

下面以OPPO Reno4手机为例，介绍设置手机视频分辨率和帧率的操作方法。❶点击"视频"界面中的▓图标；❷在打开的面板中即可设置相应的视频分辨率和帧率，如图4-17所示。

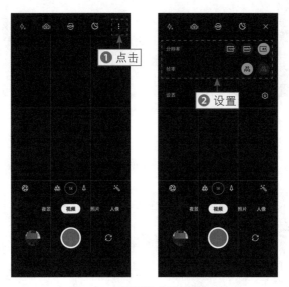

图 4-17　设置手机分辨率和帧率

### 4.2.4　设置对焦点

对焦是指通过手机内部的对焦机构来调整物距和相距的位置，从而使拍摄对象清晰成像的过程。在拍摄短视频时，对焦是一项非常重要的操作，是影响画面清晰度的关键因素。尤其是在拍摄运动状态的主体时，若对焦不准，画面就会模糊。

一般来说，手机都是自动进行对焦的，但在检测到主体时，会有一个非常短暂的合焦过程，此时画面会轻微模糊或者抖动一下。因此，需要等待手机完成合焦并清晰对焦后，再按下录制按钮去拍摄视频，如图4-18所示。

图 4-18　在手机完成对焦后再按录制按钮

大部分手机会自动将焦点放在画面的中心位置或者人脸等物体上，如图4-19所示。在拍摄视频时也可以通过点击屏幕的方式来改变对焦点的位置。

图 4-19　以人脸作为对焦点

在手机取景屏幕上用手指点击想要对焦的地方，所点击的地方就会变得更加清晰，而距离点击点越远的地方虚化效果越明显，如图4-20所示。

图 4-20　点击屏幕选择对焦点

在对焦框的边上，还可以看到一个太阳图标 ☀️ ，拖曳该图标能够精准控制画面的曝光范围，如图 4-21 所示。可以根据自己的拍摄需求对曝光进行调整，从而达到想要的画面亮度。

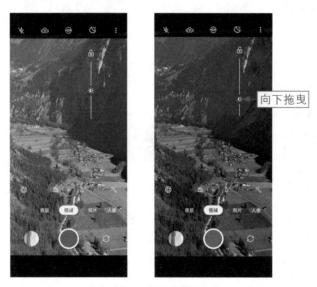

图 4-21　调整曝光范围

## 4.3　手机摄影功能

手机相机中自带的摄影功能，在不同的情景中可以发挥出意想不到的作用。例如，镜头滤镜功能可以拍摄出不同色调和风格的照片或视频；慢动作功能可以放慢视频的速度，给人一种时间凝滞的感觉；人脸跟随功能能够跟随人脸进行拍摄等。本节将进一步为大家介绍手机的摄影功能。

### 4.3.1　滤镜功能

手机相机里一般都会自带一些滤镜效果，在录制一些特别的画面时，滤镜可以强化气氛，让视频画面更具有代入感。

步骤01 打开相机，在"视频"界面中点击 按钮，如图4-22所示。

图 4-22　点击相应的按钮

步骤02 执行操作后，进入滤镜选项区，可以选择不同的滤镜以查看录制的视频画面效果，如图4-23所示。

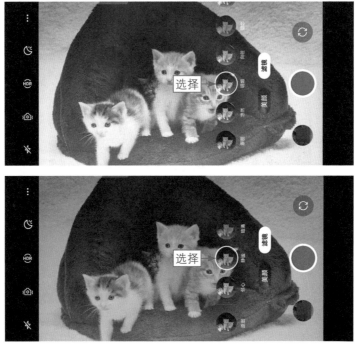

图 4-23　选择不同的滤镜的效果

## 4.3.2　慢动作功能

随着手机处理器和手机摄像的增强，越来越多的摄像功能被加入手机相机功能中，如慢动作功能。这项功能一经出现，就有很多摄影爱好者对其爱不释手。如今，慢动作功能在智能手机中得到了普及，大部分的智能手机都自带慢动作功能，摄影爱好者也可以通过手机来实现慢动作效果。

下面以OPPO Reno4手机为例，介绍录制慢动作视频的操作方法。

**步骤 01** 打开手机相机，❶点击"更多"按钮，进入"更多"界面；❷选择"慢动作"功能，如图4-24所示。

**步骤 02** 进入"慢动作"拍摄界面，点击下方的 ⬤ 录制按钮即可开始录制慢动作视频，如图4-25所示。

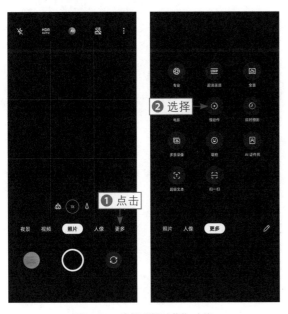

图 4-24　选择"慢动作"功能　　　　　　图 4-25　点击相应的按钮

## 4.3.3　人脸跟随

随着科技的发展，手机的功能也越来越齐全，有些手机甚至可以实现人脸抓拍抓录的功能。人脸跟随就是在能检测到人脸的情况下，镜头跟随着人脸左右转动。例如，维圣是专门为人脸跟随而设置出来的稳定器，只要能识别到人脸，跑步也能追踪上。

因此，只要在手机上安装维圣稳定器自带的软件，把手机装在稳定器上，然后在手机中打开蓝牙和相应的软件，连接稳定器后，选择智能跟随模式，就可以实现人脸跟随效果了。

## 本章小结

本章主要向读者介绍了一些短视频的拍摄工具，用手机拍摄功能的参数设置，以及摄影功能等，帮助读者对手机的摄影功能有进一步认识，并能够更好地利用手机进行短视频拍摄。通过对本章的学习，希望读者能够对手机的拍摄功能有一个新的认识。

## 课后习题

鉴于本章知识的重要性，为了帮助读者更好地掌握所学知识，本节将通过课后习题，帮助读者进行简单的知识回顾和补充。

1. 使用哪些工具可以让手机在拍摄时保持稳定？
2. 手机自带的摄影功能有哪些？

# 第 5 章
## 规划好拍摄的取景构图

短视频拍摄与照片拍摄的原理相同，都是讲究光影和构图的艺术创作。因此，拍摄者在拍摄视频时需要注意光线的运用，并选取合适的画幅进行构图，以实现具有美感的画面效果。本章将具体介绍拍摄视频时应如何运用光线与规划好构图的方法。

## *5.1* 利用光线拍摄

虽然短视频的拍摄门槛不高，但是好的视频都不是轻易就可以拍出来的，处理光线是非常重要的一环，只有光线处理得好，运营者才能拍出优秀的短视频作品。摄影可以说就是光的艺术表现，如果想要拍到好的作品，必须把握住最佳影调，抓住瞬息万变的光线。本节将介绍如何运用光线拍出好的视频效果。

### 5.1.1 晴天拍摄技巧

在晴天日光充足的情况下，光线明亮、色彩鲜艳，是最容易拍摄的环境，同时也是弹性最大的拍摄天气。应尽量选择在多云、日照充足的时候拍摄。图5-1所示为在天气晴朗且多云时拍摄的晚霞短视频画面，视频画面显得明亮、色彩丰富。

图 5-1　晴朗的天气下拍摄的视频画面

### 5.1.2 阴天拍摄技巧

阴天呈现出来的天气状况是多云或多雾，在这两种情形下拍摄的视频画面也可以有不同的美感，关键在于如何进行拍摄，下面将分别进行介绍。

1. 多云天气拍摄视频技巧

阴天的云彩厚度非常大，一般太阳光会被完全遮挡住，光线以散射光为主，较为柔和、浓密。在阴天环境下，画面的色彩会显得非常浓郁。图5-2所示为多云天气下拍摄的画面，可以看出整个色调显得比较阴沉，没有阳光，天空灰蒙蒙的，好像刚下完雨的感觉。

阴天的云层比较厚，这是一个天然形成的柔光板，在这种环境下拍摄的景物阴影不会太过强烈。尤其是云层因为气压而接近地面时，只要适当地搭配景物，会产生独特的视觉效果。但因为阴天的光线不足，在拍摄人像时需要使用反光板进行补光。

图 5-2 多云天气下拍摄的画面

### 2. 多雾天气拍摄视频技巧

雾天是很多摄影师所青睐的天气，搭配云雾形成的画面给人一种身处仙境的感觉。尤其是拍摄山峦时，云雾缥缈的感觉可以让画面中的山峦显得更有灵气，而在雾的帮助下，可以产生虚实对比，增加画面意境。

在迷雾天气中，如果拍不出蓝天白云的远山之美，运营者可以拍摄迷雾虚渺的梦幻境地，也是另外一种难得拍到、难见的雾景。图5-3所示为多雾天气下拍摄的视频画面，由于拍摄的时间是在早晨，所以山水之间笼罩着浓浓的白雾，给人一种身处人间仙境、世外桃源的感觉。这个画面拍出了大场景的风光画面，山水之间的浓雾呈虚实构图，营造出了梦幻般的视觉效果。

图 5-3 多雾天气下拍摄的视频画面

一般来说，云雾天气最能拍出类似仙境的效果，如果是拍摄有人物的短视频场景，可以拍出人物仿佛被置身于仙境之中的画面，如图5-4所示。

图 5-4　拍出云雾缥缈的仙境效果

## 5.1.3　顺光、侧光拍摄技巧

在拍摄短视频的过程中，对光线的把握和运用是拍摄者必须掌握的技能之一。下面以顺光和侧光拍摄为例，介绍如何利用自然光线拍出好的视频效果。

### 1.顺光拍摄视频技巧

顺光也称正面光，是指投射方向和拍摄方向相同的光线。顺光拍摄时，被摄主体的阴影被主体本身挡住，影调柔和，能给画面带来比较好的色彩。

采用顺光拍摄的短视频，能够让主体呈现出自身的细节和色彩，从而可以对画面进行更多细节的展示，使画面更具有吸引力，如图5-5所示。

图 5-5　顺光下拍摄的短视频画面

2. 侧光拍摄视频技巧

侧光是指光源的照射方向与手机的拍摄方向呈直角状态，即光源从被拍摄主体的左侧或右侧直射而来的光线，因此被摄物体受光源照射的一面非常明亮，而另一面则比较阴暗，画面的明暗层次感非常分明，如图5-6所示。

图 5-6　侧光下拍摄的短视频画面

## 5.1.4　运用特殊光线拍摄

为拍摄出好的视频效果，可以根据作品的主题思想或者画面内容，用不同的影调色彩来塑造人物或者景物的形象，使其产生完美的光影艺术效果。下面将介绍如何运用特殊光线拍摄出优质画面的方法。

1. 拍摄日落剪影

弱光环境下，使用逆光拍摄日落景象时，摄影者可以将背景中的天空还原，而将前景处的景象处理成剪影状。图5-7所示为傍晚时分在江边拍摄的情景，在夕阳的照射下，亭子呈现出剪影效果。

图 5-7　拍摄的落日剪影视频画面

2. 捕捉夜景光影

夜景是摄影中的一道靓丽风景线，受到很多摄影爱好者的青睐，尤其是城市、古镇的夜景视频，可以通过多彩的灯光来表现。图5-8所示为在江边城市对岸拍摄的夜景短视频。利用手机可以拍出霓虹灯清晰的美感，非常适合拍摄夜景光影短视频。在拍摄夜景光影短视频时，光线较好的地方拍摄的视频画面会比较有吸引力。

图 5-8　夜景光影视频画面

3. 运用烛火灯光

在室内使用手机拍摄烛火灯光的短视频时，蜡烛光芒会展现出独特的暖色调，可以产生一种特殊的烛光氛围，拍出来的视频效果也十分理想，如图5-9所示。

图 5-9　烛光下拍摄的视频画面

4. 复古光影格调

要想用短视频的形式记录电影画面般的复古影调，拍摄出复古风的视频，需要准备好极具古风气质的服装和十分有魅力的妆容，所处的环境灯光要偏暖，形成一个复古的光影格调，这样才能更加轻松地拍出复古风视频，如图5-10所示。

图 5-10　复古影调拍摄的视频画面

## 5.2　掌握取景构图方式

在拍摄短视频时，构图是指通过安排各种物体和元素，实现一个主次关系分明的画面效果。在拍摄短视频场景时，可以通过适当的构图方式，将自己的主题思想和创作意图形象化、可视化地展现出来，从而创造出更出色的视频画面效果。

### 5.2.1　黄金分割线构图

黄金分割构图法是以1∶1.618这个黄金比例作为基本理论，包括多种形式，可以让视频画面更加自然、舒适、赏心悦目，更能吸引观众的眼球。图5-11所示为采用黄金比例线构图拍摄的视频画面，能够让观众的视线焦点瞬间聚焦到莲蓬主体上。

图 5-11　黄金比例线构图拍摄的视频画面

★ 专家提醒 ★

黄金比例线是在九宫格的基础上，将所有线条都分成 3/8、2/8、3/8 线段，它们中间的交叉点就是黄金比例点，也就是画面的视觉中心。在拍摄视频时，可以将要表达的主体放置在这个黄金比例线的比例点上，来突出画面主体。

黄金分割线还有一种特殊的表达方法，即黄金螺旋线，它是根据斐波那契数列画出来的螺旋曲线，是自然界最完美的经典黄金比例。图5-12所示为采用黄金螺旋线构图拍摄的蜜蜂采蜜视频，可以让画面更精致、更耐看。

图 5-12　黄金螺旋线构图拍摄的视频画面

很多手机相机都自带了黄金螺旋线构图辅助线，我们在拍摄时可以直接打开该功能，将螺旋曲线的焦点对准主体即可，然后再切换至视频模式拍摄。

## 5.2.2　九宫格构图

九宫格构图又称井字形构图，是三分线构图的综合运用形式，是指用横竖各两条直线将画面等分为9个空间，不仅可以让画面更加符合人眼的视觉习惯，而且还能突出主体、均衡画面。

★ 专家提醒 ★

使用九宫格构图时，不仅可以将主体放在 4 个交叉点上，也可以将其放在 9 个空间格内，使主体更加自然地成为画面的视觉中心。在拍摄短视频时，可以将手机的九宫格构图辅助线打开，以便更好地对画面中的主体元素进行定位或保持线条的平衡。

图5-13所示为将花朵安排在九宫格的正中间，可以快速吸引人的眼球，非常明确地突出画面的主体。

图 5-13　九宫格构图拍摄的视频画面

### 5.2.3　水平线构图

水平线构图就是以一条水平线来进行构图取景，给人带来辽阔和平静的视觉感受。水平线构图需要前期多看、多琢磨，寻找一个好的拍摄地点进行拍摄。水平线构图方式对于拍摄者的画面感有着比较高的要求，看似最为简单的构图方式，反而常常需要花费非常多的时间才能拍摄出一个好的视频作品。

图5-14所示为采用水平线构图拍摄的短视频，用水平线分割整个画面，可以让画面达到绝对平衡，从而呈现出不一样的视觉感受。

图 5-14　水平线构图拍摄的视频画面

水平线构图最主要的就是找到水平线，或者与水平线平行的直线。下面介绍两种水平线构图的拍摄方法。

第一种是画面中有现成的水平线，如湖面中实景与虚景对比形成的线条，可以提供给拍摄者利用，如图5-15所示。

图 5-15　利用水平线拍摄的视频画面

　　第二种就是利用与水平线平行的线进行构图，如地平线等，如图5-16所示。

图 5-16　利用地平线拍摄的视频画面

## 5.2.4 三分线构图

三分线构图是指将画面从横向或纵向分为3部分，在拍摄视频时，将对象或焦点放在三分线的某一位置上进行构图取景，让主体对象更加突出、构图更有层次感、画面更加美观。

三分线构图的拍摄方法十分简单，只需要将视频拍摄主体放置在拍摄画面的横向或者纵向三分之一处即可。图5-17所示为视频画面中上面三分之一为天空，下面三分之二为山脉，给人一种连绵不绝的辽阔之感。

**图 5-17 三分线构图拍摄的视频画面**

采用三分线构图拍摄短视频最大的优点就是，将主体放在偏离画面中心的三分之一位置处，使视频画面不至于太枯燥或呆板，而且能突出视频的拍摄主题，使画面紧凑有力。

## 5.2.5 对称构图

对称构图是指画面中心有一条线把画面分为对称的两份，可以是画面上下对称，也可以是画面左右对称，或者是画面的斜向对称，这种对称画面会给人一种平衡、稳定、和谐的视觉感受。

图5-18所示为以桥上的建筑中心为垂直对称轴，画面左右两侧的元素对称排列，拍摄这种视频画面时注意要横平竖直，尽量不要倾斜。

图 5-18　左右对称构图拍摄的视频画面

图5-19所示为以地面与水面的交界线为水平对称轴，水面清晰地反射了上方的景物，形成上下对称构图，让视频画面的布局更为平衡。

图 5-19　上下对称构图拍摄的视频画面

## 5.2.6　透视构图

透视构图是指视频画面中的某一条线或某几条线，有由近及远形成的延伸感，能使观众的视线沿着视频画面中的线条汇聚成一点。

在短视频的拍摄中，透视构图分为单边透视和双边透视。单边透视是指视频画面中只有一边带有由远及近形成延伸感的线条，能增强视频拍摄主体的立体感；双边透视则是指视频画面两边都带有由远及近形成延伸感的线条，能很好地汇聚观众的视线，使视频画面更具有延伸感和深远意味，如图5-20所示。

图 5-20　透视构图拍摄的视频画面

## 本章小结

　　本章主要向读者介绍了光线运用与摄影构图的相关知识，帮助读者掌握在不同光线下的拍摄技巧，以及6种让画面更高级的构图方法。通过对本章的学习，希望读者能够很好地掌握短视频的光线利用和拍摄构图的相关知识，并能运用到实操之中。

## 课后习题

　　鉴于本章知识的重要性，为了帮助读者更好地掌握所学知识，本节将通过课后习题，帮助读者进行简单的知识回顾和补充。

　　1.不同天气拍摄的短视频画面都会呈现什么样的效果？

　　2.本章学习了哪几种构图方式？

# 第6章

## 9大实用的基础运镜

运镜是一种叙事形式，也是影视作品中镜头语言的直接体现。在短视频拍摄中，在分镜头中采用一些简单的运镜，不仅仅有助于强调环境、刻画人物和营造相应的气氛，而且还能提升短视频的质量。本章将介绍9种简单实用的运动镜头，帮助读者打好运镜拍摄基础。

## 6.1 推、拉、移、摇、跟、升、降镜头

不同的运镜方式有着不同的叙事作用。用推、拉、移、摇、跟、升和降镜头拍摄，可以拍摄人物也可以拍摄景物，不同的运镜方式也可以表达不同的主题和情绪，本节将介绍这几种运镜方式。

### 6.1.1 推镜头

【效果展示】：推镜头是指被摄对象的位置不动，镜头从全景或别的景别，由远及近地靠近被摄对象，一般最终景别是近景或者特写。效果展示如图 6-1 所示。

图 6-1　效果展示

【视频扫码】：运镜教学视频画面如图6-2所示。

扫码看教学视频　扫码看案例效果

现场实拍过程图

图 6-2　运镜教学视频画面

【运镜拆解】：下面对脚本和分镜头做详细的介绍。

步骤01 模特抬手时，位置不动，镜头拍摄模特的背面，如图6-3所示。

图 6-3　拍摄模特的背面

步骤02 镜头向前推进，拍摄到模特肩膀以上的画面，如图6-4所示。

图 6-4　拍摄模特肩膀以上的画面

步骤03 镜头继续向模特手指所指的方向进行前推拍摄，并带有一定的仰拍角度，如图6-5所示。

图 6-5　向模特手指所指的方向前推

步骤04 镜头最终推向手指外的位置，仰拍树上的果实，如图6-6所示。

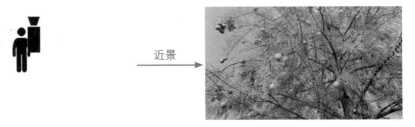

图 6-6　仰拍树上的果实

## 6.1.2　拉镜头

【效果展示】：拉镜头是指人物的位置不动，镜头逐渐远离拍摄对象，在远离的过程中使观众产生宽广舒展的感觉，使场景更具张力。效果展示如图 6-7 所示。

图 6-7　效果展示

【视频扫码】：运镜教学视频画面如图6-8所示。

扫码看教学视频　扫码看案例效果

现场实拍过程图

图 6-8　运镜教学视频画面

【运镜拆解】：下面对脚本和分镜头做详细的介绍。

步骤 01 模特站着看风景，镜头拍摄模特背面的头部，如图6-9所示。

特写

图 6-9　拍摄模特背面的头部

**步骤 02** 模特位置不动，运营者向后退，远离模特，并保持模特始终位于画面中心位置，如图6-10所示。

图 6-10　模特不动，运营者后退

**步骤 03** 运营者继续后退，画面中的环境因素越来越多，如图6-11所示。

图 6-11　运营者继续后退

**步骤 04** 运营者后退到一定的距离，画面中的人物看似变小了，周边的信息量却变多了，如图6-12所示。

图 6-12　运营者后退到一定的距离

## 6.1.3　移镜头

【效果展示】：移镜头是指镜头沿着水平面向各个方向移动拍摄，可以把运动中的人物和各种景别交织在一起，从而让画面具有动感和节奏感。效果展示如图6-13所示。

图 6-13　效果展示

【视频扫码】：运镜教学视频画面如图6-14所示。

扫码看教学视频　　扫码看案例效果

现场实拍过程图

图 6-14　运镜教学视频画面

【运镜拆解】：下面对脚本和分镜头做详细的介绍。

步骤01 镜头拍摄树木，以树木为前景，模特在前景的右侧，如图6-15所示。

近景

图 6-15　拍摄树木

步骤02 镜头慢慢向右移动，在移动的过程中，镜头慢慢扫过树木，拍摄到了右侧的小路，模特也从前景右侧进入画面，如图6-16所示。

图 6-16　镜头右移拍摄小路和模特

步骤 03 镜头继续移动，前景的画面几乎快没有了，前行的模特变成了画面的视觉中心，如图6-17所示。

图 6-17　镜头继续右移拍摄模特

步骤 04 镜头继续右移一小段距离，模特也越走越远了，慢慢远离镜头，如图6-18所示。

图 6-18　移动镜头中的画面，人物越行越远

★ 专家提醒 ★

移镜头按照镜头的移动方向大致可分为横向移动和纵深移动；按照镜头的移动方式，可以分为跟移和摇移。

## 6.1.4　摇镜头

【效果展示】：摇镜头是指镜头在固定的位置，拍摄全景或者跟着拍摄对象的移动进行摇摄，一般用来介绍环境，或者表达人物的来由和展示人物的连续动作，还可以用来建立不同人物之间的关系。效果展示如图6-19所示。

图 6-19　效果展示

【视频扫码】：运镜教学视频画面如图6-20所示。

扫码看教学视频　　扫码看案例效果

现场实拍过程图

图 6-20　运镜教学视频画面

【运镜拆解】：下面对脚本和分镜头做详细的介绍。

**步骤01** 运营者找好机位，在固定位置拍摄左侧的风景，如图6-21所示。

远景

图 6-21　在固定位置拍摄左侧的风景

**步骤02** 随着镜头慢慢地向右摇摄，画面中的风景也在改变，只有景别保持不变，如图6-22所示。

图 6-22　镜头慢慢地向右摇摄

**步骤03** 镜头继续向右摇摄，拍摄到右侧的风景，动态地展示风景全貌，如图6-23所示。

图 6-23　镜头继续向右摇摄

## 6.1.5　跟镜头

【效果展示】：跟镜头是指手机跟随移动中的被摄对象进行拍摄，跟随感十分强烈，让观众仿佛置身于现场场景中，具有沉浸感。效果展示如图6-24所示。

图 6-24　效果展示

【视频扫码】：运镜教学视频画面如图6-25所示。

扫码看教学视频　　扫码看案例效果

现场实拍过程图

图 6-25　运镜教学视频画面

【运镜拆解】：下面对脚本和分镜头做详细的介绍。

步骤 01 在模特前行时，镜头拍摄模特的背面上半身，如图6-26所示。

中近景

图 6-26　镜头拍摄模特的背面上半身

步骤 02 人物慢慢前行，运营者也保持一定的距离，进行匀速跟随，如图6-27所示。

中近景

图 6-27　进行匀速跟随

步骤 03 在跟随的过程中，运营者要尽量保持画面景别不变，从而只有画面中人物的周围环境在改变，如图6-28所示。

中近景

图 6-28　在跟随的过程中保持景别不变

## 6.1.6　升镜头

【效果展示】：升镜头主要是指利用升降装置或者人体姿态的改变，做向上运动所进行的拍摄，升镜头随着视点高度的转换，能够给观众带来丰富的视觉美感。效果展示如图6-29所示。

图 6-29　效果展示

【视频扫码】：运镜教学视频画面如图6-30所示。

扫码看教学视频　扫码看案例效果

现场实拍过程图

图 6-30　运镜教学视频画面

【运镜拆解】：下面对脚本和分镜头做详细的介绍。

步骤 01 运营者选好机位，在模特前行时，蹲下拍摄模特背面的腿部，如图6-31所示。

图 6-31　蹲下拍摄模特背面的腿部

步骤 02 模特开始前行，运营者慢慢站起来，镜头也慢慢升高了，拍摄到了高处的树叶，以此作为前景，如图6-32所示。

图 6-32　运营者慢慢站起来拍摄

步骤 03 模特继续前行走，镜头在升高的同时，画面中的人物变小了，如图6-33所示。

图 6-33　镜头继续升高拍摄

步骤 04 随着模特的走远，运营者可以慢慢抬起手臂进行上升拍摄，展示更加宽广、深远的画面空间，如图6-34所示。

图 6-34　运营者慢慢抬起手臂进行上升拍摄

## 6.1.7　降镜头

【效果展示】：降镜头是指利用升降装置或者人体姿态的改变，做向下运动所进行的拍摄，降镜头具有一定的运动感，可以用来展示场景、表现气氛。效果展示如图6-35所示。

图 6-35　效果展示

【视频扫码】：运镜教学视频画面如图6-36所示。

扫码看教学视频　　扫码看案例效果

现场实拍过程图

图 6-36　运镜教学视频画面

【运镜拆解】：下面对脚本和分镜头做详细的介绍。

**步骤 01** 运营者找好机位之后，抬手拍摄高处的树叶，让模特在镜头下方前行，如图6-37所示。

图 6-37　运营者抬手拍摄高处的树叶

**步骤 02** 运营者慢慢放下手臂，镜头慢慢下降，模特走进画面中，如图6-38所示。

图 6-38　运营者慢慢放下手臂进行下降拍摄

**步骤 03** 镜头继续下降，将树叶作为前景，使画面中的人物全部显现出来，如图6-39所示。

图 6-39　镜头继续下降

**步骤04** 运营者可以慢慢蹲下，让镜头继续下降，下降到一定距离时，画面中的人物越走越远，留下空旷的场景，让观众产生无限遐想，如图6-40所示。

图 6-40　镜头下降到一定的距离

## 6.2　旋转镜头和环绕镜头

旋转镜头是指利用变换着的镜头角度，拍摄出别样视角的画面，让画面具有新鲜感；环绕镜头则是指镜头围绕某个对象进行环绕拍摄，从正面、侧面、背面等几个方位展示主体。

### 6.2.1　旋转镜头

【效果展示】：在拍摄旋转镜头时，需要把稳定器中的拍摄模式转换为FPV（First Person View，第一人称主视角），然后旋转手机，并慢慢回正角度来拍摄画面。效果展示如图6-41所示。

图 6-41　效果展示

【视频扫码】：运镜教学视频画面如图6-42所示。

扫码看教学视频　扫码看案例效果

现场实拍过程图

图 6-42　运镜教学视频画面

【运镜拆解】：下面对脚本和分镜头做详细的介绍。

步骤01 运营者选好机位，把手机倾斜到一定的角度拍摄画面，如图6-43所示。

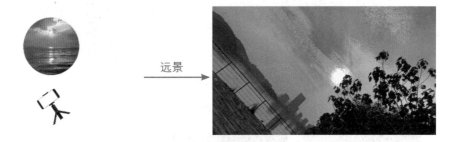

远景

图 6-43　把手机倾斜到一定的角度拍摄画面

步骤02 然后运营者把手机角度慢慢地旋转回正，画面也慢慢地在改变，如图6-44所示。

远景

图 6-44　把手机角度慢慢地旋转回正

91

**步骤 03** 当手机角度旋转回正到水平线上时，画面也变水平了，如图6-45所示。

图 6-45　手机角度旋转回正到水平线上

## 6.2.2　环绕镜头

【效果展示】：在拍摄环绕镜头时，需要提前找好被摄对象，然后围绕对象进行环绕180度左右的拍摄。当然，除了环绕180度，还可以环绕各种角度。效果展示如图6-46所示。

图 6-46　效果展示

【视频扫码】：运镜教学视频画面如图6-47所示。

扫码看教学视频　　扫码看案例效果

现场实拍过程图

图 6-47　运镜教学视频画面

【运镜拆解】：下面对脚本和分镜头做详细的介绍。

步骤 01 运营者在左侧拍摄坐在长椅上的模特，如图6-48所示。

图 6-48　在左侧拍摄坐在长椅上的模特

步骤 02 以模特为中心，运营者围绕模特进行环绕拍摄，如图6-49所示。

图 6-49　围绕模特进行环绕拍摄

步骤 03 最终从左侧环绕到右侧，环绕角度在180度左右，全方位、多角度地展示模特的动作和神态，如图6-50所示。

图 6-50　从左侧环绕到右侧拍摄

## 本章小结

本章主要向读者介绍了9种基础运镜方法，通过视频教学帮助读者掌握运镜技巧。通过对本章的学习，希望读者能够很好地掌握短视频拍摄的运镜的相关知识，并能运用到实操之中。

## 课后习题

鉴于本章知识的重要性，为了帮助读者更好地掌握所学知识，本节将通过课后习题，帮助读者进行简单的知识回顾和补充。

1. 本章学习了哪几种运镜方式？
2. 旋转镜头和环绕镜头有什么特点？

# 第 7 章

# 轻松掌握手机剪辑软件

剪映App是现今一款非常热门的视频剪辑软件，有了这款软件，手机里的各种视频都能在其中轻松剪辑和制作。本章主要介绍剪映的基础操作，帮助运营者快速掌握剪映App的操作方法。

剪映App是抖音推出的一款视频剪辑应用，拥有全面的剪辑功能，支持剪辑、缩放视频轨道等操作，并且拥有丰富的曲库资源和视频素材资源。本节将带领大家认识剪映的工作界面。

### 7.1.1 了解界面特点

在手机屏幕上点击剪映图标，打开剪映App，如图7-1所示。进入剪映主界面，点击"开始创作"按钮，如图7-2所示。

扫码看教学视频

执行操作后，进入"照片视频"界面，❶在"视频"选项区中选择相应的素材；❷选择"高清"复选框；❸点击"添加"按钮，如图7-3所示，即可将相应素材添加到编辑界面的视频轨道中。同理，在剪映中还可以导入照片素材，在"照片"选项区中添加照片即可。

图 7-1　点击剪映图标　　图 7-2　点击"开始创作"按钮　　图 7-3　点击"添加"按钮

进入编辑界面，可以看到该界面由预览区域、时间线区域和工具栏区域3部分组成，如图7-4所示。预览区域左下角的时间表示当前时长和视频的总时长，点击预览区域中的全屏按钮█，可全屏预览视频效果。

开启全屏预览后，❶点击▶按钮，即可播放视频；❷点击█按钮，如图7-5所示，即可返回编辑界面中。

图 7-4　编辑界面的组成

图 7-5　全屏预览视频效果

## 7.1.2　了解基本工具

扫码看教学视频

　　剪映App的所有剪辑工具都位于底部，操作起来非常方便快捷。在工具栏区域中，不进行任何操作时，可以看到剪映的一级工具栏，其中包括剪辑、音频及文字等功能，如图7-6所示。

图 7-6　一级工具栏

点击相应的按钮，即可进入对应的二级工具栏。例如，点击"剪辑"按钮，可以进入剪辑二级工具栏，如图7-7所示。点击"音频"按钮，可以进入音频二级工具栏，如图7-8所示。

图 7-7  剪辑二级工具栏

图 7-8  音频二级工具栏

## 7.2  掌握基本剪辑操作

剪映App支持分割、定格、倒放、裁剪、镜像等专业的剪辑功能，还有丰富的曲库、特效、转场及视频素材等资源。接下来介绍使用剪映进行视频剪辑的具体操作。

### 7.2.1  剪辑工具

在剪映中导入素材后，就可以进行基本的剪辑操作了。可以对素材进行分割操作，将多余的视频片段删除。此外，还可以通过旋转、镜像及裁剪等编辑功能，对素材进行相应的处理。

扫码看教学视频

下面介绍使用剪映App剪辑视频素材的具体操作方法。

**步骤01** 在剪映App中导入一段视频素材，如图7-9所示。

**步骤02** ❶拖曳时间轴至00:08的位置；❷点击"剪辑"按钮，如图7-10所示。

图 7-9　导入视频素材

图 7-10　点击"剪辑"按钮

步骤03 进入二级工具栏，点击"分割"按钮，如图7-11所示。

步骤04 执行操作后，即可将视频素材分割为两段，默认选择第2段视频素材，点击工具栏中的"删除"按钮，如图7-12所示。执行操作后，即可删除所选片段。

图 7-11　点击"分割"按钮

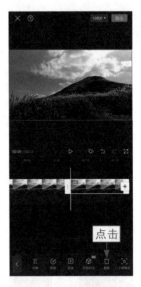

图 7-12　点击"删除"按钮

步骤05 ❶选择视频素材；❷点击"编辑"按钮，如图7-13所示。

步骤 06 进入编辑工具栏，其中显示了"旋转""镜像"及"裁剪"按钮，如图7-14所示。

图 7-13　点击"编辑"按钮

图 7-14　进入编辑工具栏

步骤 07 点击"镜像"按钮，将画面镜像翻转，如图7-15所示。

步骤 08 点击"裁剪"按钮，进入"裁剪"界面，在其中可以选择需要的比例进行裁剪，如选择16∶9选项，在上方的预览区中，即可通过拖曳控制柄的方式裁剪画面，如图7-16所示。

图 7-15　点击"镜像"按钮

图 7-16　选择 16∶9 选项

## 7.2.2　倒放定格

扫码看教学视频　扫码看案例效果

【效果展示】：在剪映App中，使用"复制"按钮可以复制素材，使用"倒放"功能和"定格"功能，可以使素材定格和倒放，带给人时光倒流之感，视频效果展示如图7-17所示。

图 7-17　视频效果展示

下面介绍在剪映App中制作时光倒流效果的操作方法。

步骤01　在剪映App中导入一段视频素材，❶选择视频素材；❷在工具栏中点击"复制"按钮，如图7-18所示。

步骤02　执行操作后，即可复制视频素材，默认选择复制后的素材，点击"倒放"按钮，倒放素材，如图7-19所示。

步骤03　❶拖曳时间轴至第1段视频素材的末尾位置；❷点击"定格"按钮，如图7-20所示。

图 7-18　点击"复制"按钮　　图 7-19　点击"倒放"按钮　　图 7-20　点击"定格"按钮

步骤 **04** 执行操作后，即可生成定格片段，调整定格片段的时长为0.5s，如图7-21所示。

步骤 **05** 执行操作后，为视频添加合适的背景音乐即可，效果如图7-22所示（具体操作请参考本书7.3.3节中的内容）。

图 7-21　调整定格片段的时长

图 7-22　添加背景音乐

## 7.2.3　设置封面

【效果对比】：在剪映App中，视频封面一般默认为第1帧画面，如果用户不满意，可以自定义设置封面。封面设置前后的效果对比如图7-23所示。

扫码看教学视频　扫码看案例效果

图 7-23　封面设置前后的效果对比

下面介绍在剪映App中为视频设置封面的操作方法。

**步骤 01** 在剪映App中导入一段视频素材，在视频轨道的左侧点击"设置封面"按钮，如图7-24所示。

**步骤 02** 进入相应界面，在"视频帧"选项卡中，❶拖曳时间轴至合适位置；❷点击"保存"按钮，如图7-25所示，即可完成封面设置。

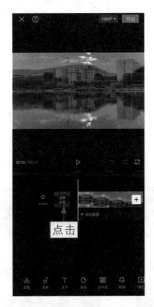 

图 7-24   点击"设置封面"按钮　　　　图 7-25   点击"保存"按钮

## 7.3 字幕与音频

字幕和音频都是短视频中非常重要的元素。在短视频平台上，常常可以看到很多视频中都添加了字幕效果和音频，字幕可以帮助观众看懂短视频内容，而好的背景音乐或语音旁白能让作品更容易上热门。接下来介绍两种字幕效果和两种音频效果的处理方法。

### 7.3.1 文本朗读

【效果展示】：在剪映中运用"文本朗读"功能，可以为添加的解说字幕进行配音，还可以自由选择音色，字幕效果展示如图7-26所示。

扫码看教学视频　　扫码看案例效果

图 7-26　文本朗读字幕效果展示

下面介绍在剪映App中制作字幕配音的操作方法。

步骤 **01** 在剪映中导入一段视频素材，点击"文字"按钮，如图7-27所示。

步骤 **02** 进入文字二级工具栏，点击"新建文本"按钮，如图7-28所示。

步骤 **03** 进入文字编辑界面，❶输入文字内容；❷选择一种合适的字体；❸调整文字的大小和位置，如图7-29所示。

图 7-27　点击"文字"按钮　　图 7-28　点击"新建文本"按钮　　图 7-29　调整文字的大小和位置

步骤 **04** ❶切换至"样式"选项卡；❷展开"排列"选项区；❸设置"字间距"参数为4，如图7-30所示。

步骤 **05** ❶切换至"动画"选项卡；❷选择"羽化向右擦开"入场动画；❸设置动画时长为3.0s；❹点击✔按钮，如图7-31所示。

步骤 **06** 执行操作后，即可添加字幕，❶调整字幕素材的时长，使其与视频素材时长一致；❷点击"文本朗读"按钮，如图7-32所示。

图 7-30　设置"字间距"参数　　图 7-31　点击相应的按钮（1）　　图 7-32　点击"文本朗读"按钮

**步骤07** 进入"音色选择"面板，❶切换至"女声音色"选项卡；❷选择"心灵鸡汤"音色；❸点击✓按钮，如图7-33所示。

**步骤08** 执行操作后，即可生成字幕配音音频，如图7-34所示。

图 7-33　点击相应的按钮（2）　　　　　图 7-34　生成字幕配音音频

## 7.3.2 文字消散

【效果展示】：在剪映App中，通过添加消散粒子素材，能够合成文字消散的效果，让文字随风消散，画面十分唯美，效果如图7-35所示。

扫码看教学视频　扫码看案例效果

图7-35　文字消散效果展示

下面介绍在剪映App中制作文字消散效果的操作方法。

步骤01 在剪映App中导入一段视频素材，依次点击"文字"按钮和"新建文本"按钮，如图7-36所示。

步骤02 进入文字编辑界面，❶输入文字内容；❷选择合适的字体；❸调整文字的大小和位置，如图7-37所示。

图7-36　点击"新建文本"按钮

图7-37　调整文字的大小和位置

**步骤 03** ❶切换至"动画"选项卡；❷在"入场"动画选项区中，选择"渐显"动画效果；❸向右拖曳蓝色滑块，调整时长为1s，如图7-38所示。

**步骤 04** ❶在"出场"动画选项区中，选择"溶解"动画效果；❷向左拖曳红色滑块至2s；❸点击 ✓ 按钮，如图7-39所示，执行操作后，即可添加一段文字素材。

**步骤 05** 调整文字素材的时长，使其与视频素材时长一致，如图7-40所示。

图 7-38　向右拖曳蓝色滑块

图 7-39　点击相应的按钮（1）

**步骤 06** 返回一级工具栏，依次点击"画中画"按钮和"新增画中画"按钮，如图7-41所示。

**步骤 07** 执行操作后，切换至"素材库"选项卡，如图7-42所示。

图 7-40　调整文字素材时长

图 7-41　点击"新增画中画"按钮

图 7-42　切换至"素材库"选项卡

**步骤 08** ❶搜索"消散粒子"素材；❷选择合适的素材；❸选择"高清"

复选框；④点击"添加"按钮，如图 7-43 所示。

**步骤09** 执行操作后，即可添加素材，①拖曳画中画轨道中的素材，使其结束位置和视频轨道中素材的结束位置对齐；②选择画中画轨道中的素材；③点击"混合模式"按钮，如图7-44所示。

**步骤10** ①在打开的面板中选择"滤色"选项；②拖曳时间轴至3s左右的位置；③调整素材的位置和大小；④点击✓按钮，如图 7-45 所示。

**步骤11** ①点击"音量"按钮；②向左拖曳滑块，将音量设置为0；③点击✓按钮，如图 7-46 所示。

图 7-43　点击"添加"按钮

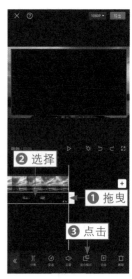

图 7-44　点击"混合模式"按钮

图 7-45　点击相应的按钮（2）

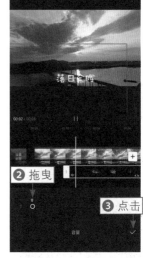

图 7-46　点击相应的按钮（3）

### 7.3.3　添加音乐

【效果展示】：剪映App拥有非常丰富的背景音乐曲库，而且还有十分细致的分类，用户可以根据自己的视频内容或主题来快速选择合适的背景音乐。视频效果展示如图7-47所示。

扫码看教学视频　　扫码看案例效果

图 7-47　视频效果展示

下面介绍在剪映App中为短视频添加音乐的操作方法。

步骤01 在剪映App中导入一段素材，❶点击"关闭原声"按钮，将原声关闭；❷点击"音频"按钮，如图7-48所示。

步骤02 进入音频二级工具栏，点击"音乐"按钮，如图7-49所示，执行操作后，即可进入"添加音乐"界面。

图 7-48　点击"音频"按钮　　　　　图 7-49　点击"音乐"按钮

**步骤 03** 选择相应的音乐类型，如选择"旅行"选项，如图7-50所示。

**步骤 04** ❶在音乐列表中选择合适的音乐进行试听；❷点击其右侧的"使用"按钮，如图7-51所示，执行操作后，即可添加音频素材。

图 7-50 选择"旅行"选项

图 7-51 点击"使用"按钮

**步骤 05** ❶将时间轴拖曳至视频素材的结束位置；❷选择音频素材；❸点击"分割"按钮，如图7-52所示。

**步骤 06** 默认选择第2段音频素材，点击"删除"按钮，如图7-53所示，执行操作后，即可删除多余的音频素材。

图 7-52 点击"分割"按钮

图 7-53 点击"删除"按钮

### 7.3.4　变速处理

【效果展示】：使用剪映App可以对音频的播放速度进行放慢或加快等变速处理，从而制作出一些特殊的背景音乐。视频效果展示如图7-54所示。

图 7-54　视频效果展示

下面介绍在剪映App中对音频进行变速处理的操作方法。

步骤01 在剪映App中导入一段视频素材，添加合适的背景音乐，如图7-55所示。

步骤02 ❶选择音频素材；❷点击工具栏中的"变速"按钮，如图7-56所示。

图 7-55　添加背景音乐

图 7-56　点击"变速"按钮

步骤03 进入"变速"面板，显示默认的音频播放速度为1x，如图7-57所示。

短视频运营全流程：策划、拍摄、制作、引流从入门到精通

**步骤 04** 向左拖曳红色圆环滑块，即可增加音频时长，如图7-58所示。

**步骤 05** 向右拖曳红色圆环滑块，即可缩短音频时长，如图7-59所示。

图 7-57　显示默认播放速度

图 7-58　向左拖曳滑块

图 7-59　向右拖曳滑块

**步骤 06** ❶将时间轴拖曳至视频素材的结束位置；❷点击"分割"按钮，如图7-60所示。

**步骤 07** 默认选择第2段音频素材，点击"删除"按钮，如图7-61所示。

图 7-60　点击"分割"按钮

图 7-61　点击"删除"按钮

## 本章小结

　　本章主要向读者介绍了剪映的工作界面，通过视频教学帮助读者掌握剪映的基本操作，以及字幕和音频的添加方法。通过对本章的学习，希望读者对剪映App有一个基本的认识和了解，并能够进行基本的剪辑操作。

## 课后习题

　　鉴于本章知识的重要性，为了帮助读者更好地掌握所学知识，本节将通过课后习题，帮助读者进行简单的知识回顾和补充。

　　本章习题需要读者学会在剪映App中对视频进行变速处理的方法，效果展示如图7-62所示。

扫码看教学视频　　扫码看案例效果

图 7-62　效果展示

# 第8章

## 基础调色与滤镜使用

如今，人们的眼光越来越高，也越来越喜欢追求更有新奇性的短视频作品。在短视频平台上，有很多创意十足视频画面，不仅色彩丰富吸睛，而且画面炫酷神奇，深受大众的喜爱。本章将介绍在剪映App中进行基础调色与添加滤镜的操作方法。

## *8.1*　对视频进行基础调色

基础的调色是指利用剪映App中的调节功能，通过调整画面的亮度，或者设置画面的光感等来改变画面的色调，从而让视频画面具有美感。本节将结合案例介绍几种基础的调色方法，以便大家掌握。

### 8.1.1　冷暖并存的色调

【效果对比】：冷色调是一种以绿色和蓝色为代表的色彩，暖色调是一种以橙色和黄色为代表的色彩，因此，冷暖色调并存的调色思路是突出这几种代表色彩，以形成明显的色彩对比，原图与效果图的对比展示如图8-1所示。

扫码看教学视频　扫码看案例效果

图 8-1　原图与效果图的对比展示

下面介绍在剪映App中调出冷暖并存的色调的操作方法。

步骤01 在剪映App中导入一段视频素材，❶选择视频素材；❷点击"调节"按钮，如图8-2所示。

步骤02 进入"调节"选项卡，选择HSL选项，如图8-3所示。

图8-2　点击"调节"按钮

图8-3　选择 HSL 选项

步骤03 进入HSL面板，❶选择黄色选项◯；❷拖曳"色相"滑块，设置参数为100，让黄色偏绿一点，如图8-4所示。

步骤04 ❶选择绿色选项◯；❷拖曳"饱和度"滑块，设置参数为100，增加绿色色彩的浓度，如图8-5所示。

图8-4　设置"色相"参数（1）

图8-5　设置"饱和度"参数（1）

步骤05 ❶选择青色选项◎；❷拖曳"色相"滑块，设置参数为-100，使青色更接近冷色调，如图8-6所示。

步骤06 ❶选择蓝色选项◎；❷拖曳"饱和度"滑块，设置参数为100，增加蓝色色彩的浓度，突出画面中的冷色调，如图8-7所示。

图 8-6　设置"色相"参数（2）

图 8-7　设置"饱和度"参数（2）

## 8.1.2　清新感人物调色

【效果对比】：利用"调节"功能，可以将视频中的人物调出肤白貌美、小清新的效果，原图与效果图的对比展示如图8-8所示。

扫码看教学视频　　扫码看案例效果

图 8-8　原图与效果图的对比展示

下面介绍在剪映App中进行人物调色的操作方法。

步骤01 在剪映App中导入一段视频素材，❶选择视频素材；❷点击"调节"按钮，如图8-9所示，即可进入"调节"选项卡。

步骤02 ❶选择"亮度"选项；❷拖曳滑块，设置参数为35，增加画面的亮度，如图8-10所示。

图 8-9 点击"调节"按钮

图 8-10 设置"亮度"参数

步骤03 ❶选择"对比度"选项；❷拖曳滑块，设置参数为-15，如图8-11所示，降低画面的明暗对比度。

步骤04 ❶选择"饱和度"选项；❷拖曳滑块，设置参数为30，如图8-12所示，使画面中的颜色更加靓丽。

步骤05 ❶选择"锐化"选项；❷拖曳滑块，设置参数为30，如图8-13所示，使人物更加清晰分明。

图 8-11 设置"对比度" 参数

图 8-12 设置"饱和度" 参数（1）

步骤 06 ❶选择"高光"选项；❷拖曳滑块，设置参数为15，如图8-14所示，使画面看起来更加有质感。

图 8-13　设置"锐化"参数

图 8-14　设置"高光"参数

步骤 07 ❶选择"色温"选项；❷拖曳滑块，设置参数为-15，如图8-15所示，使画面中的颜色偏冷色调，让画面变得更清新一些。

步骤 08 ❶选择HSL选项，在HSL面板中，选择橙色选项 ◯；❷拖曳"饱和度"滑块至-25，如图8-16所示，让人物的肤色变白一点。

图 8-15　设置"色温"参数

图 8-16　设置"饱和度"参数（2）

## 8.2 为视频添加合适的滤镜

剪映App中内置了很多滤镜，可以满足用户对不同色调的需求，因此，也可以根据视频画面选择合适的滤镜来达到调色的效果。本节将介绍添加滤镜的方法。

### 8.2.1 森系色调

【效果对比】：森系色调的特点是偏墨绿色，是一种颜色比较暗的绿色，能让视频中的植物看起来更有质感，原图与效果图的对比展示如图8-17所示。

扫码看教学视频　　扫码看案例效果

图 8-17　原图与效果图的对比展示

下面介绍在剪映App中调出森系色调的操作方法。

步骤01 在剪映App中导入一段视频素材，❶选择视频素材；❷点击"滤镜"按钮，如图8-18所示，进入"滤镜"选项卡。

步骤02 ❶切换至"复古胶片"选项区；❷选择"松果棕"滤镜；❸拖曳滑块，设置滤镜应用程度参数为58，如图8-19所示。

图 8-18　点击"滤镜"按钮　　　　图 8-19　设置滤镜应用程度参数

步骤03 ❶切换至"调节"选项卡；❷选择"亮度"选项；❸拖曳滑块，设置参数为20，如图8-20所示，稍微增加曝光。

步骤04 ❶选择"高光"选项；❷拖曳滑块，设置参数为18，如图8-21所示，适当增加后面天空的亮度。

步骤05 ❶选择"饱和度"选项；❷拖曳滑块，设置参数为10，如图8-22所示，提高画面色彩饱和度。

图 8-20　设置"亮度"参数　　图 8-21　设置"高光"参数　　图 8-22　设置"饱和度"参数

步骤06 ❶选择"色温"选项；❷拖曳滑块，设置参数为16，如图8-23所示，将画面往暖色调的方向调整。

步骤07 ❶选择"色调"选项；❷拖曳滑块，设置参数为20，如图8-24所示，让绿色更加突出，调出墨绿色调。

图 8-23　设置"色温"参数　　　　　图 8-24　设置"色调"参数

## 8.2.2　磨砂色调

【效果对比】：在剪映中，通过添加"磨砂纹理"特效，可以让视频画面具有磨砂质感，后期再通过调色等操作，就能让日出画面变成油画，原图与效果图的对比展示如图8-25所示。

扫码看教学视频　扫码看案例效果

图 8-25　原图与效果图的对比展示

下面介绍在剪映App中调出磨砂色调的具体操作方法。

步骤01 在剪映App中导入一段视频素材，依次点击"特效"按钮和"画面特效"按钮，如图8-26所示。

[步骤02] ❶切换至"纹理"选项卡；❷选择"磨砂纹理"特效；❸点击✓按钮，如图8-27所示。

图 8-26　点击"画面特效"按钮

图 8-27　点击相应的按钮

[步骤03] 调整"磨砂纹理"特效的时长，使其与视频的时长一致，如图8-28所示。

[步骤04] ❶ 选择视频素材；❷ 在工具栏中点击"滤镜"按钮，如图 8-29 所示。

[步骤05] 进入"滤镜"选项卡，❶展开"风景"选项区；❷选择"橘光"滤镜，如图8-30所示。

图 8-28　调整特效时长

图 8-29　点击"滤镜"按钮

图 8-30　选择"橘光"滤镜

**步骤06** ❶切换至"调节"选项卡；❷选择"色温"选项；❸拖曳滑块，设置参数为10，如图8-31所示，提升暖色调。

**步骤07** ❶选择"色调"选项；❷拖曳滑块，设置参数为16，如图8-32所示，让夕阳更加偏橙粉色。

图 8-31　设置"色温"参数　　　　　　图 8-32　设置"色调"参数

### 8.2.3　粉紫色调

【效果对比】：粉紫色调非常适合用在展现夕阳视频中，能让天空看起来特别梦幻，它的调色要点是突出粉色和紫色，原图与效果图的对比展示如图8-33所示。

扫码看教学视频　扫码看案例效果

图 8-33　原图与效果图的对比展示

下面介绍在剪映App中调出粉紫色调的操作方法。

**步骤01** 在剪映App中导入一段视频素材，❶选择视频素材；❷点击"滤镜"按钮,如图8-34所示,进入"滤镜"选项卡。

步骤02 ❶展开"风景"选项区;❷选择"暮色"滤镜;❸拖曳滑块,设置滤镜应用程度参数为60,如图8-35所示。

图 8-34　点击"滤镜"按钮

图 8-35　设置滤镜应用程度参数

步骤03 在"调节"选项卡中,分别设置"对比度"参数为-17、"饱和度"参数为20、"光感"参数为15、"色温"参数为8、"色调"参数为12,参数设置如图8-36所示,让画面整体细节看起来更佳,调出粉紫色调。

图 8-36

图 8-36　设置相关参数

## 本章小结

本章主要向读者介绍了在剪映App中对视频进行调色及添加滤镜的方法，通过视频教学帮助读者掌握在剪映App中制作出唯美的短视频的方法。通过对本章的学习，希望读者能够较好地使用剪映App对视频进行调色处理和添加滤镜。

## 课后习题

鉴于本章知识的重要性，为了帮助读者更好地掌握所学知识，本节将通过课后习题，帮助读者进行简单的知识回顾和补充。

本章习题需要读者学会在剪映App中为视频调出黑金色调的方法，原图与效果图的对比展示如图8-37所示。

扫码看教学视频

扫码看案例效果

图 8-37　原图与效果图的对比展示

# 第 9 章

## 打造炫酷的画面效果

在短视频平台上，经常可以刷到很多特效视频，画面既炫酷又神奇，非常受大众的喜爱，轻轻松松就能收获百万点赞。本章将介绍几种热门特效的制作技巧，包括鲸鱼特效、天空之境、智能抠像、颜色渐变和雪花纷飞等特效。

## *9.1* 3种抠图方法

在抖音上经常可以刷到各种有趣又热门的创意合成视频，画面既炫酷又神奇，虽然看起来很难，但只要掌握了本节介绍的技巧，相信读者也能轻松制作出相同的视频效果。

### 9.1.1 鲸鱼特效

【效果展示】：鲸鱼特效适合用在留白较多的视频中，能够制作出海底世界的奇妙效果，栩栩如生的鲸鱼非常惊艳，效果如图9-1所示。

扫码看教学视频　扫码看案例效果

图9-1　鲸鱼特效效果展示

下面介绍在剪映App中制作鲸鱼特效的操作方法。

步骤01 打开剪映App，点击"开始创作"按钮，如图9-2所示。

步骤02 切换至"素材库"选项卡，如图9-3所示。

步骤03 ❶在搜索框中搜索"海洋"素材；❷选择一个合适的素材；❸选择"高清"复选框；❹点击"添加"按钮，如图9-4所示，执行操作后，即可将素材添加至视频轨道中。

图 9-2　点击"开始创作"按钮　图 9-3　切换至"素材库"选项卡　图 9-4　点击"添加"按钮

**步骤 04** 在一级工具栏中，依次点击"画中画"按钮和"新增画中画"按钮，如图9-5所示。

**步骤 05** 从素材库中添加一个"鲸鱼绿幕"素材，如图9-6所示。

图 9-5　点击"新增画中画"按钮　　　　图 9-6　添加"鲸鱼绿幕"素材

**步骤 06** 默认选择画中画轨道中的素材，❶点击"音量"按钮；❷拖曳滑块，将音量设置为0；❸点击✓按钮，如图9-7所示。

**步骤 07** ❶拖曳时间轴至视频轨道中素材的结束位置；❷点击"分割"按

钮；❸点击"删除"按钮，如图9-8所示，删除多余的画中画素材。

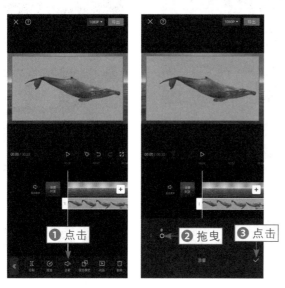

图 9-7　向左拖曳滑块　　　　　　　　　图 9-8　点击"删除"按钮

**步骤08** ❶拖曳时间轴至起始位置；❷选择画中画轨道中的素材；❸依次点击"抠像"按钮和"色度抠图"按钮，如图9-9所示。

**步骤09** 在预览窗口中拖曳取色器，选取画中画素材中的绿色，如图9-10所示。

图 9-9　点击"色度抠图"按钮　　　　　图 9-10　拖曳取色器选取绿色

**步骤10** ❶选择"强度"选项；❷拖曳滑块，设置参数为100，如图9-11所示，抠出鲸鱼图像。

**步骤11** 在鲸鱼素材起始位置点击，❶添加关键帧；❷调整 "鲸鱼绿幕" 素材的位置，使其处于画面的左边位置；❸拖曳时间轴至视频的末尾位置；❹调整鲸鱼的位置，使其处于画面中间偏右的位置，同时会自动生成关键帧，如图9-12所示。

图 9-11 设置相应参数　　　图 9-12 调整 "鲸鱼绿幕" 素材的位置

**步骤12** 返回二级工具栏，❶拖曳时间轴至起始位置；❷点击 "新增画中画" 按钮，如图9-13所示。

**步骤13** ❶ 从素材库中添加一个 "海底" 素材；❷调整 "海底" 素材的大小，使其覆盖画面；❸点击 "混合模式" 按钮，如图9-14所示。

**步骤14** ❶ 在 "混合模式" 面板中，选择 "滤色" 选项，制作出海底世界的效果；❷点击按钮，如图 9-15 所示。

**步骤15** ❶ 拖曳时间轴至视频素材的结束位置；❷点击 "分割" 按钮；❸点击 "删除" 按钮，如图 9-16 所示，删除多余的素材。

图 9-13 点击 "新增画中画" 按钮　　图 9-14 点击 "混合模式" 按钮

步骤 16 ❶拖曳时间轴至起始位置；❷选择"鲸鱼绿幕"素材；❸点击"调节"按钮，如图9-17所示。

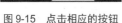

图9-15 点击相应的按钮

图9-16 点击"删除"按钮

图9-17 点击"调节"按钮

步骤 17 在"调节"选项卡中选择HSL选项，如图9-18所示。

步骤 18 ❶选择绿色选项◯；❷向左拖曳"饱和度"滑块，设置参数为-100，将鲸鱼边缘上的绿色变为灰白色，使鲸鱼显得更加自然，如图9-19所示。最后可以为视频添加一段合适的背景音乐。

图9-18 选择 HSL 选项

图9-19 向左拖曳"饱和度"滑块

## 9.1.2　天空之镜

扫码看教学视频　扫码看案例效果

【效果展示】：运用剪映中的"智能抠图"和"编辑"功能，可以制作出漫步天空之镜特效，让人在天空中漫步，效果如图9-20所示。

图 9-20　天空之镜效果展示

下面介绍在剪映App中制作天空之镜的操作方法。

步骤01 打开剪映 App，❶从素材库中导入一个"天空之镜"素材；❷选择视频素材；❸点击"音量"按钮；❹拖曳滑块，设置"音量"参数为0，如图9-21 所示。

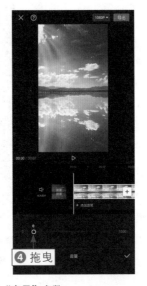

图 9-21　设置"音量"参数

步骤 02 返回一级工具栏，依次点击"画中画"按钮和"新增画中画"按钮，如图9-22所示。

步骤 03 ❶在画中画轨道中添加人物走路的视频素材；❷依次点击"抠像"按钮和"智能抠像"按钮，如图9-23所示，抠出人像。

步骤 04 ❶调整人物素材的大小和位置；❷返回二级工具栏，点击"复制"按钮，如图9-24所示，复制人像素材。

图 9-22　点击"新增画中画"按钮　图 9-23　点击"智能抠像"按钮　图 9-24　点击"复制"按钮

步骤 05 ❶ 把复制的人像素材拖曳至第 2 条画中画轨道中，使其与视频轨道中的素材对齐；❷ 选择第 2 条画中画轨道中的素材；❸ 点击"编辑"按钮，如图 9-25 所示。

步骤 06 ❶ 连续点击"旋转"按钮两次；❷ 点击"镜像"按钮；❸ 调整两段人像素材的画面位置，使其对称，如图 9-26 所示。

步骤 07 返回上一级工具栏，点击"不透明度"按钮，如图 9-27 所示。

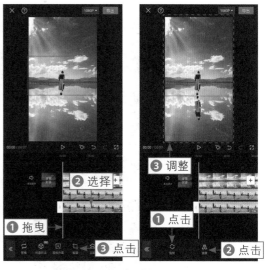

图 9-25　点击"编辑"
按钮

图 9-26　调整两段人像素
材的画面位置

步骤 08 ❶拖曳滑块，设置"不透明度"参数为45；❷点击 ✓ 按钮，如图9-28所示，制作出倒影虚化的效果。

图 9-27　点击"不透明度"按钮

图 9-28　点击相应的按钮

## 9.1.3　智能抠像

【效果展示】：利用"智能抠像"功能将照片中的人像抠出来，可以让人像不被另一张照片遮挡，从而制作出一种投影放映的效果，画面十分唯美，效果如图9-29所示。

扫码看教学视频

扫码看案例效果

图 9-29　智能抠像效果展示

下面介绍在剪映App中制作投影仪效果的操作方法。

步骤01 在剪映中导入一张照片素材，❶将素材时长调整为2s；返回一级工具栏，❷依次点击"特效"按钮和"画面特效"按钮，如图9-30所示。

步骤02 ❶切换至"基础"选项卡；❷选择"变清晰"特效，如图9-31所示。

图9-30 点击"画面特效"按钮（1）

图9-31 选择"变清晰"特效

步骤03 调整特效素材的位置与时长，使其与视频素材的位置、时长保持一致，如图9-32所示。

步骤04 ❶选择视频素材；❷连续两次点击"复制"按钮，如图9-33所示。

图9-32 调整特效素材

图9-33 点击"复制"按钮

步骤 05 返回一级工具栏，❶拖曳时间轴至第2段视频素材的起始位置；❷依次点击"画中画"按钮和"新增画中画"按钮，如图9-34所示

步骤 06 ❶在画中画轨道中导入另一张照片素材；❷调整画中画轨道中的素材时长，使其与视频轨道中的第2段视频素材时长一致，如图9-35所示。

图 9-34　点击"新增画中画"按钮

图 9-35　调整素材的时长

步骤 07 ❶选择第3段视频素材；❷点击"切画中画"按钮，如图9-36所示，将素材切换至画中画轨道。

步骤 08 默认选择画中画轨道中的第2段素材，拖曳素材，使其处于第2条画中画轨道中，并与视频轨道中的第2段素材的位置对齐，如图9-37所示。

步骤 09 ❶选择第2条画中画轨道中的素材；❷依次点击"抠像"按钮和"智能抠像"按钮，如图9-38所示。

步骤 10 ❶选择第1条画中画轨道中的素材；❷调整素材的画面大小和位置；返回上一级工具栏，❸点击"不透明度"按钮，如图9-39所示。

图 9-36　点击"切画中画"按钮

图 9-37　调整素材的位置

图 9-38  点击"智能抠像"按钮　　　　　图 9-39  点击"不透明度"按钮

**步骤11** 拖曳滑块，设置"不透明度"参数为55，如图9-40所示。

**步骤12** 返回二级工具栏，点击"蒙版"按钮，如图9-41所示，打开"蒙版"面板。

**步骤13** ❶选择"线性"蒙版；❷在预览区域调整蒙版的位置；❸向下拖曳羽化按钮 ，为蒙版添加羽化效果，如图9-42所示。

图 9-40  设置"不透明度"参数　　图 9-41  点击"蒙版"按钮　　图 9-42  向下拖曳羽化按钮

步骤14 返回一级工具栏，❶拖曳时间轴至第2段素材的起始位置；❷依次点击"特效"按钮和"画面特效"按钮，如图9-43所示。

步骤15 ❶切换至"氛围"选项卡；❷选择"梦蝶"特效，如图9-44所示。

图9-43　点击"画面特效"按钮（2）

图9-44　选择"梦蝶"特效

步骤16 ❶调整特效的轨道位置和持续时长，使其与第2段视频素材的时长保持一致；❷点击"作用对象"按钮；❸在打开的"作用对象"面板中选择"全局"选项，如图9-45所示。

图9-45　选择"全局"选项

步骤17 返回一级工具栏，点击"贴纸"按钮，如图9-46所示。

步骤18 ❶切换至"电影感"选项卡；❷选择一个合适的贴纸；❸调整贴纸的位置和大小；❹点击 ✓ 按钮，如图9-47所示。

图9-46　点击"贴纸"按钮

图9-47　点击相应的按钮

步骤19 ❶调整贴纸素材的持续时长，使其与第2段视频素材的时长保持一致；❷点击"动画"按钮，如图9-48所示，打开"贴纸动画"面板。

步骤20 ❶选择"弹簧"入场动画；❷拖曳滑块，设置动画时长为1.0s，如图9-49所示。

图9-48　点击"动画"按钮

图9-49　设置动画时长

步骤 21　返回一级工具栏，❶ 拖曳时间轴至 1s 左右的位置；❷ 依次点击"音频"按钮和"音效"按钮；❸ 点击"拍照声 1"机械音效右侧的"使用"按钮；❹ 调整音效持续时长为 0.5s 左右，如图 9-50 所示。最后再为视频添加合适的背景音乐即可。

图 9-50　调整音效持续时长

## 9.2　2种特效制作

为短视频适当地添加一些特效，可以为短视频增添意想不到的效果。接下来，将介绍几种特效的制作技巧。

### 9.2.1　颜色渐变

【效果对比】：使用剪映App中的"变秋天"特效，可以将绿色草地快速变成秋天的黄色草地，原图与效果图的对比展示如图9-51所示。

扫码看教学视频　扫码看案例效果

图 9-51　原图与效果图的对比展示

下面介绍在剪映App中制作颜色渐变效果的操作方法。

步骤01 在剪映App中导入一段视频素材，❶拖曳时间轴至1s位置；❷依次点击"特效"按钮和"画面特效"按钮，如图9-52所示。

步骤02 ❶在"基础"选项卡中，选择"变秋天"特效；❷点击"调整参数"按钮，如图9-53所示，进入"调整参数"面板。

图 9-52 点击"画面特效"按钮　　　　图 9-53 点击"调整参数"按钮

步骤03 ❶拖曳滑块，设置"速度"参数为0；❷点击◉按钮；❸点击✓按钮，如图9-54所示。

步骤04 拖曳特效素材的白色拉杆，将特效时长调整为与视频时长一致，如图9-55所示。

图 9-54 点击相应的按钮　　图 9-55 调整特效时长

## 9.2.2　雪花纷飞

【效果对比】：在剪映App中，使用"自然"特效选项卡中的"大雪"特效和"背景的风声"音效，可以模拟真实的下雪效果，制作出雪花纷飞的城市夜景视频，视频原图与效果图的对比展示如图9-56所示。

图 9-56　原图与效果图的对比展示

下面介绍在剪映App中制作雪花纷飞城市夜景视频的操作方法。

步骤01 在剪映App中导入一段视频素材，依次点击"特效"按钮和"画面特效"按钮，如图9-57所示。

步骤02 执行操作后，❶切换至"自然"选项卡；❷选择"大雪"特效；❸点击✓按钮，如图9-58所示。

步骤03 拖曳特效素材右侧的白色拉杆，调整特效时长，使其与视频时长一致，如图9-59所示。

图 9-57　点击"画面特效"按钮　图 9-58　点击相应的按钮　图 9-59　调整特效时长

步骤04 返回一级工具栏，❶拖曳时间轴至起始位置；❷依次点击"音频"按钮和"音效"按钮，如图9-60所示。

步骤05 ❶切换至"环境音"选项卡；❷点击"背景的风声"音效右侧的"使用"按钮，如图9-61所示。

步骤06 ❶拖曳时间轴至视频的结束位置；❷选择音频素材；❸点击"分割"按钮，如图9-62所示，最后再删除多余的音效即可。

图9-60　点击"音效"按钮　　图9-61　点击"使用"按钮　　图9-62　点击"分割"按钮

## 本章小结

本章主要向读者介绍了剪映App中的抠图与特效制作的方法，通过视频教学帮助读者掌握抠图和特效的操作方法。通过对本章的学习，希望读者能够较好地使用剪映App进行抠图和特效制作。

# 课后习题

鉴于本章知识的重要性，为了帮助读者更好地掌握所学知识，本节将通过课后习题，帮助读者进行简单的知识回顾和补充。

本章习题需要读者学会在剪映App中对视频进行划像对比的操作方法，效果展示如图9-63所示。

扫码看教学视频

扫码看案例效果

图 9-63　效果展示

# 第 10 章
## 利用优质内容吸引粉丝

对于刚入门不久的短视频运营者而言，要想增加粉丝量，首先要从自身的内容着手，为观众生产优质的短视频内容。如果没有好的内容，即使通过刷粉在短时间内获得一定的流量，也会很快流失掉，所以打铁还需自身硬。本章将介绍打造优质内容吸引粉丝的方法，帮助读者轻松上热门。

## 10.1　吸粉引流的基本方法

对于短视频新手而言，很多人并不知道自己的短视频应该拍一些什么样的内容。以抖音平台为例，很多具体的玩法都是运营者自己摸索出来的。所以，本节将以抖音App为例，总结那些热门火爆的短视频的共通之处，供大家参考和借鉴。

### 10.1.1　基本要求

首先，那些能上平台热门的短视频，其本身都有一定的前提条件。下面就来介绍短视频上热门的基本要求。

#### 1. 个人原创内容

例如，某旅行博主经常发布自己拍摄的一些风景短视频，向用户展现一些极致的美景，这就是个人原创内容的典型，如图10-1所示。

图 10-1　某旅行博主的原创视频

从这个案例可以看出，抖音上热门的第一个要求就是：短视频必须为个人原创。很多人开始做抖音原创之后，不知道拍摄什么内容，其实内容的选择并不难，可以从以下几个方面入手。

① 可以记录日常生活中一些有趣的事情。

② 可以录制唱歌、舞蹈、演奏等才艺表演。

③ 可以用各种搞怪表情和动作来吸引用户。

④可以拍摄旅游的风光，展现自然的魅力。

总之，不管什么类型的短视频，只要内容能吸引用户和观众，或者能够引起观众的情感共鸣，那么用户自然愿意点赞、转发和关注。

**2. 视频内容完整**

运营者在创作短视频时，一定要确保短视频的时长及内容的完整性。一般而言，短视频的时间最好不低于7秒，因为只有这样才能保证视频的可观看性和内容价值，也只有内容完整的短视频才有可能上热门。

图10-2所示为内容不完整的短视频案例，正当用户津津有味地观看短视频时，画面突然弹出"未完待续"，整个视频就此结束，严重影响了用户观看短视频的心情。

图 10-2　抖音上内容不完整的短视频

**3. 高质量的内容**

在如今内容为王的时代，不论是写文章还是拍视频，内容永远都是最重要的，因为只有高质量的内容才能吸引用户观看。要想保证短视频作品的质量，首先视频的清晰度要高。其次，短视频吸粉是一个比较漫长的过程，运营者要学会多和用户进行互动，增进彼此之间的关系，不断学习新的短视频创作技巧和拍摄手法，这样才有上热门的机会。

**4. 积极参与活动**

运营者要积极参与官方推出的活动。参与活动不仅能增加短视频作品的曝光度，吸引更多的用户关注，还能提升账号的权重，如图10-3所示。

图 10-3　抖音官方活动

## 10.1.2　必备技巧

近年来，抖音平台不断改革优化，深化垂直深度，加强平台内容多元化。图10-4所示为抖音黑马榜TOP150类型账号占比。

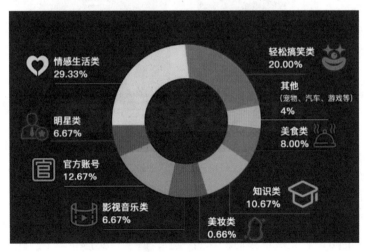

图 10-4　抖音黑马榜 TOP150 类型账号占比

虽然每天都有成千上万的运营者将自己精心制作的作品上传到短视频平台上，但被标记为精选和上热门的视频却寥寥无几。那么，到底什么样的视频才会被推荐呢？接下来将介绍短视频上热门的必备技巧。

1.谈论家常话题

家常就是家庭的日常生活，每个人都有自己的生活，同时大多数人的日常生活又有着一定的相似之处。当运营者将自己的家常展示给用户时，许多用户就会通过短视频评论区和你一起聊家常。

另外，如果运营者在短视频中展示的家常与用户的家常有着相似之处，用户就会觉得感同身受，甚至会因此而与运营者成为好友。

家常话题包含的范围很广，除了柴米油盐酱醋茶这些生活中的必需品，孩子的教育话题也属于家常的一部分。而且因为孩子的教育对于一个家庭来说非常关键，所以与这个话题相关的内容往往能快速吸引用户的关注。

正因如此，部分运营者便将孩子的教育拍摄成了短视频。图10-5所示为父母指导孩子写作业的短视频画面。

图 10-5 父母指导孩子写作业的短视频画面

在这个短视频中，盘点了父母因为辅导孩子而生气的场景，引起许多家长的共鸣。此外，短视频中语言的引导，再加上短视频内容的展示，让许多需要指导孩子写作业的用户看完短视频后都深有感触，似乎只要指导孩子写作业，就能把人气得跳起脚来。

因此，用户会觉得短视频中的父母是同道中人，他们在看到短视频后，会与运营者在评论区交流指导孩子的感受。而随着交流的深入，运营者与用户便在不经意间成为了好友。

## 2. 分享知识技能

部分用户在刷短视频的过程中，希望能从短视频中学到一些对自己有用的知识或技能。针对这一现象，运营者可以根据自身的定位，在短视频中分享相关的知识或技能，并运用相关语言表达技巧进行说明，从而提高短视频的价值量。

如果运营者分享的知识和技能对用户来说是有用处的，那么所拍摄的短视频内容对用户来说就是有价值的。而有价值的短视频的内容，又最容易获得用户的关注。因此，随着短视频价值量的提高，相应账号对于用户的吸引力也会增强。

图10-6所示为向用户展示摄影技巧的短视频。很显然，这就是通过分享技能，提高视频价值量来吸引用户的关注。

图 10-6　展示摄影技巧的短视频

## 3. 主动私信用户

私信是许多短视频平台中用于沟通的一种重要工具，当需要与他人进行一对一沟通时，便可以借助私信功能来实现。对于运营者来说，私信是能够表达自身态度的一种沟通方式。当运营者主动私信用户时，便可以将自身的热情展示给被私信的用户。

在给用户发私信时，运营者可以表达对用户的欢迎，也可以通过一定的语言技巧，引导用户关注自己的账号。

对于用户来说，如果运营者能够主动发送私信，或者及时回答私信中提出的问题，用户就会感受到运营者的热情。而且如果运营者在私信内容中进行适当的引导，用户还会主动关注对应的账号，或者添加对应的联系方式。在这种情况下，运营者引流涨粉的目的自然就轻松达到了。

### 4.植入其他作品

运营者在制作短视频的过程中，可以适当植入其他作品，如展示账号中已发布的短视频。然后通过一定的话术，向用户介绍作品的相关信息，从而引导用户深入了解账号中已发布的内容，提高这部分内容的流量。

通常来说，在短视频中植入其他作品主要有两种方式。一种是在短视频中直接提及或者展示已发布的短视频，让感兴趣的用户看到短视频后，主动查看植入作品的完整版。

另一种是借助短视频平台的相关功能，让已发布的作品成为新作品的一部分。例如，在抖音上可以通过合拍，将别人或自己已发布的短视频作为素材植入到新的短视频中，如图10-7所示。

图 10-7　合拍短视频

### 5.利用背景音乐

某博主本身就是一名歌手，在抖音上发布了许多音乐作品。图10-8所示为其抖音个人主页的"音乐"栏目，可以看到其中显示了作者发布的一些音乐作品。

图 10-8　抖音个人主页的"音乐"栏目

从以上案例可知，如果运营者本身就是一位音乐人，便可以通过首发背景音乐的方式，并结合相应的语言表达吸引用户拍摄同框，从而借助该背景音乐的传播，让更多用户关注自己的账号。当然，如果所创作的音乐背景足够优秀，有时甚至不需要结合语言进行推广，也能获得许多用户的关注。

进入音乐人的主页后，用户点击 ≡ 按钮，便可查看使用该音乐的所有短视频。例如，点击《梅香如故》后面的 ≡ 按钮，即可查看所有使用了该音乐的短视频，如图10-9所示。

图 10-9　查看所有使用了《梅香如故》音乐的短视频

点击具体的短视频封面，则可以看到短视频播放界面的下方显示了音乐名称和演唱者，如图10-10所示。

图 10-10　查看视频具体信息

另外，如果运营者不是音乐人，可以选择拍摄同款视频进行引流，点击右下角的"拍同款"按钮，进入短视频拍摄界面，并且在拍摄界面的上方会显示"梅香如故"，如图10-11所示。

图 10-11　拍摄界面显示"梅香如故"

用户看到背景音乐显示的内容后，就知道这个背景音乐是某歌手的歌曲。如果用户对这个歌手或这个背景音乐比较感兴趣，就可能会查看运营者的抖音号及其发布的短视频。这样，运营者便可以借助该背景音乐的使用获得一定的流量。

## 10.2 持续输出优质内容

只有高质量的内容才能吸引用户观看，而只有持续地输出优质内容，才能够提高用户黏性，粉丝也不会流失。下面将介绍一些受到用户喜欢的短视频类型，为运营者提供参考。

### 10.2.1 幽默轻松

幽默搞笑、令人感到轻松的内容一直都不缺观众，许多人之所以经常刷短视频，主要就是因为其中有很多短视频内容能够逗人一笑。在各大短视频平台中，幽默和搞笑话题的短视频播放总量达上百亿次、千亿次，如图10-12所示。

图 10-12　搞笑幽默类的内容

所以，运营者可以在日常生活中多多留心观察，搜集一些幽默的素材，然后再加上一些自己的创意，这样制作而成的短视频既幽默搞笑，又有自己的创意。

### 10.2.2 才艺征服

才艺包含的范围很广，除了常见的唱歌、跳舞等，还包括摄影、绘画、书法、乐器演奏、相声、脱口秀等。只要短视频中展示的才艺足够精彩，并且能够让用户觉得赏心悦目，那么就很容易上热门。下面分析和总结了一些快手、抖音"大V"们的不同类型的才艺内容，看看他们是如何走向成功的。

1.演唱才艺

例如，某音乐博主不仅歌声非常好听，还曾参加某歌唱节目，展示了非凡的实力，这也让该博主从默默无闻到拥有近700万粉丝。图10-13所示为该音乐博主的抖音主页及相关短视频。

图 10-13　某音乐博主的抖音主页及相关短视频

2.舞蹈才艺

某舞蹈博主是一名职业舞者，她的舞蹈很有青春活力，给人以朝气蓬勃、活力四射的感觉，跳起舞来更是让人心生荡漾。图10-14所示为该舞蹈博主相关的抖音短视频。

该博主在拥有了大量的粉丝之后，还参加了综艺节目，要知道"网红"能登上电视，这本身就是对她的一种肯定，能大大提高自身的知名度。

3.演奏才艺

对于一些学习乐器的，特别是在乐器演奏上取得了一定成就的运营者来说，展示演奏才艺类的短视频内容只要足够精彩，就能快速吸引大量用户的关注。图10-15所示为通过乐器合奏来吸引用户关注的短视频。

图 10-14　某舞蹈博主相关的抖音短视频

图 10-15　演奏才艺的短视频

　　才艺展示是塑造个人IP（Intellectual Property，知识产权）的一种重要方式，而IP的塑造又可以吸引大量精准的粉丝，为IP的变现提供良好的基础。因此，许多拥有个人才艺的运营者都会注重通过才艺展示来打造个人IP。

### 10.2.3　特效制作

虽然，短视频平台是一个让人展示自我的绝佳场所，但对于那些性格比较内向的人来说，还是比较难为情。所以，这部分运营者会用特效来制作创意视频。运营者可以借鉴一些好的内容平台的素材，然后在此基础上加入自己的创意。这样就有很大概率让自己的短视频火爆起来。

最典型的是，抖音官方会经常举办一些"技术流"的挑战赛，鼓励创作者创作出更高品质的短视频。运营者可以向那些短视频达人学习拍摄技巧，比如跟随音乐晃动镜头，或是像变魔术一样进行各种转场，从而拍摄出酷炫、精彩的短视频。

另外，在很多短视频平台上都自带一些特效道具模板，这些道具和"Faceu激萌""B612咔叽"等应用类似，运营者可以根据自己的喜好给短视频添加这些道具，会让自己的短视频画面变得更加可爱、好看，方便运营者创作出更加新颖、独特的作品。

例如，某抖音短视频达人拍摄的短视频画面通常是不露脸的，粉丝和用户都不知道他长什么模样。该博主同时也是抖音平台最早的技术流"大神"之一，他的视频中运用了大量的特效，效果非常炫酷。比如喷雾可以让人隐身，踹一脚就能把车停好，用手机一丢就能打开任意门，还可以在可乐瓶上跳舞等。图10-16所示为该技术流博主的短视频作品。

图 10-16　某技术流博主的短视频作品

## 10.2.4　旅游美景

在短视频平台上，旅游风光美景的内容也是发布最多的视频类型之一。在观看这类短视频时，能够激发用户去旅游的兴趣和欲望，让用户获得心理满足感。同时，平台官方对于这类视频也会给予流量推荐。抖音平台还推出了"拍照打卡地图"功能，以鼓励运营者创作相关的作品。

抖音的火爆也给许多网红景点提供了打造爆款IP的机会，抖音中热门的歌曲中提到的地名和景点让很多用户慕名前往。例如，歌曲《成都》里的"玉林路"和"小酒馆"、《土耳其冰淇淋》里的鼓浪屿等。网红经济时代的到来，使得更多好玩的城市或景点为人所知。

抖音"拍同款"功能为城市宣传提供了更好的展示方式，通过旅游短视频，城市中的特色美食、经典建筑和人文风俗都被很好地展现出来，再加上合适的背景音乐和滤镜特效，让用户感受到超越文字和图片的感染力。图10-17所示为展现西藏和大理美景的短视频。

图 10-17　展现西藏和大理美景的短视频

在过去，人们要想描绘"云想衣裳花想容"这样的画面，只能是晦涩的解释和描绘，但如今在抖音上发布一个汉服古装的挑战话题的短视频，就能将这种意境体现出来，让用户了解到其中的内涵。所以，对于古镇、历史古都类的旅游，运营者可以拍摄古装类的短视频，使用户感受到传统文化的博大精深。

## 10.2.5 传授技能

许多用户是抱着猎奇的心态刷短视频的。那么，什么样的内容可以吸引这些用户呢？其中一种就是技能传授类的内容。因为当用户看到自己没有掌握的技能时，会感到不可思议。技能包含的范围比较广，既包括各种绝活，也包括一些小技巧。图10-18所示为特效制作的短视频。

图 10-18　通过短视频技能传授吸引用户关注

很多技能都是长期训练之后的产物，一般人一时之间也不可能完全掌握。其实，除了难以掌握的技能，运营者也可以在视频中展示一些用户学得会、用得着的技能。许多展示技能的爆红短视频便属于此类，如图10-19所示。

图 10-19　爆红短视频的技能示例

与一般的内容不同，技能类的短视频能让一些用户觉得像是发现了一个新大陆。因为此前从未见过，所以觉得特别新奇。如果用户觉得视频中的技能在日常生活中也用得上，就会加以收藏，甚至将视频转发给自己的亲戚朋友。因此，只要视频中展示的技能在用户看来是实用的，那么播放量通常会比较高。

## 10.2.6　普及干货

有时候专门拍摄短视频内容比较麻烦，如果运营者能够结合自己的兴趣爱好和专业来打造短视频内容，就大众都比较关注的某些方面进行信息的普及，那么短视频的制作就会变得容易得多。而且如果用户觉得你所普及的内容具有实用价值，也很乐意给你的短视频点赞。

例如，从事金融行业的运营者会发布短视频普及一些金融知识；专业摄影师会拍摄关于摄影构图、取景和后期的相关内容；还有一些经常旅行的运营者会分享大量的旅行攻略，为用户提供一些参考等，这些内容都是能够吸引用户眼球的干货内容。

## 本章小结

本章主要向读者介绍了短视频吸粉引流的基本要求、必备技巧及如何持续输出优质内容的方法。通过理论讲解和案例展示，帮助读者对吸粉引流有更深入的了解。通过对本章的学习，希望读者能够对吸粉引流相关内容有新的认识。

## 课后习题

鉴于本章知识的重要性，为了帮助读者更好地掌握所学知识，本节将通过课后习题，帮助读者进行简单的知识回顾和补充。

1. 吸粉引流的基本要求有哪些？
2. 如何持续输出优质内容？

# 第 11 章

# 直播引流为账号吸粉

对于运营者来说，无论是吸粉，还是提高粉丝黏性，都非常重要。本章将讲解通过直播来引流吸粉的相关内容，帮助运营者提高直播吸粉引流的能力，更好地与用户形成紧密的联系。

## **11.1** 私域流量获取粉丝

对于任何生意而言，用户都是最重要的因素，如果运营者拥有成千上万的专属用户，那么不管做什么事情，都会更容易成功。因此，不管是企业还是个人运营者，不管是传统行业还是新媒体行业，打造自己的专属私域流量池，将用户转变为铁杆粉丝，是每一个运营者都需要用心经营和为之努力的方向。接下来将详细介绍在直播运营中吸粉引流的具体方法。

### 11.1.1　站外拉新引流

看到标题，很多读者可能会产生疑问：什么是站外拉新？所谓"拉新"，即吸引新用户。对于各大App而言，拉新就是吸引用户进行下载和注册；而对于运营者来说，拉新就是吸引新粉丝点击和关注。而站外拉新就是通过外部的社交平台和工具进行引流，积极吸引新粉丝关注，从而提高人气。

接下来主要介绍社交平台拉新的方法，微博、微信和QQ等平台都拥有大量的用户群体，是运营者吸粉引流不能错过的平台。

1.微信拉新

根据腾讯2022年数据显示，微信与WeChat的活跃用户高达13亿，实现了对国内移动互联网用户的大面积覆盖，成为了国内移动流量平台巨头。下面将介绍使用微信拉新的具体方法。

（1）朋友圈拉新

对于运营者来说，朋友圈这个平台虽然一次性传播的范围比较小，但是从对用户的影响程度来说，它有着其他平台无法比拟的优势，如图11-1所示。

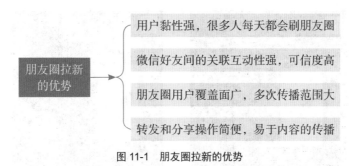

图 11-1　朋友圈拉新的优势

由于运营者不能在朋友圈直接进行直播分享，因此可以通过分享短视频的方式吸引微信好友的关注，为直播达到有效拉新的目的，其中有两个方面是需要重点注意的，具体分析如下。

剪辑时要注意画面的美观性。因为运营者推送到朋友圈的短视频，是不能自主设置封面的，它显示的就是开始拍摄时的画面。当然，运营者也可以通过视频剪辑的方式，保证视频封面的美观度。

推广时要做好文字描述。一般来说呈现在朋友圈中的短视频，好友看到的第一眼就是封面，没有更多其他信息能让用户了解该视频的内容。因此，运营者要把重要的信息放在文字描述里，如图11-2所示。

图 11-2　做好重要信息的文字表述

这样设置，一来有助于用户了解短视频的核心内容，二来还可以吸引用户点击播放该短视频。此外，运营者在推广时要利用好朋友圈的评论功能。朋友圈中的文本如果字数太多，会被折叠起来，为了完整展示信息，运营者可以将重要信息放在评论区里进行展示。比如，图11-3所示为某运营者在下播后将直播时推荐的商品发送到了朋友圈，并在评论区贴出了购买链接。

图 11-3　利用朋友圈的评论功能进行推广

这样操作既能让浏览朋友圈的人看到有效的文本信息，同时也是一种比较明智的直播引流方法。

（2）微信群拉新

运营者还可以通过微信群发布预热短视频，群用户点击视频后可以直接查看内容，增加内容的曝光率。但要注意发布信息的时间应尽量与原直播时间同步，也就是说在快手和抖音等平台发布了直播预热信息后，马上将其分享到微信群中。

（3）公众号拉新

微信公众号，从某一方面来说，就是个人或企业等主体进行信息发布，并通过运营来提升知名度和品牌形象的平台。

运营者如果要选择一个用户基数大的平台来推广直播内容，且期待通过长期发布内容来构建品牌或积累影响力，那么微信公众平台就是一个理想的传播平台。

可以说，公众号的本质就是推广，因此，运营者也可以通过它来推广直播节目。对于那些有着众多用户和拥护者的运营者而言，做好公众号的运营，同时利用公众号进行直播内容推广是一种不错的拉新方式。当然，对于那些还没有大量粉丝的运营者而言，也可以选择这一方式逐步吸粉。

在进行公众号运营的过程中，运营者需要从3个方面加以注意，才能做到事半功倍，具体分析如下。

首先，明确公众号的目的。在推广直播内容之前，运营者需要做好公众号定位，明确微信公众号的运营目的，这是做好公众号的基础。

其次，要创作出具有吸引力的内容。对运营者而言，赢得更多用户的关注是推广内容的根本目标，这些目标需要运营者通过各种形式来实现。对于运营者来说，公众号的内容形式具体有以下4点要求，如图11-4所示。

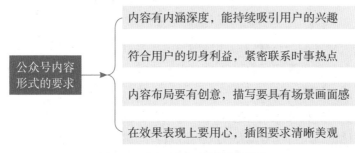

**图 11-4　公众号内容形式打造的要求**

最后，对用户来说，他们需要一些耳目一新的内容、形式或布局来增加体验感，这样才会有意愿去点击和阅读。从这个角度来看，运营者可以从以下3个方

短视频运营全流程：策划、拍摄、制作、引流从入门到精通

面对微信公众号的相关内容加以提升，如图11-5所示。

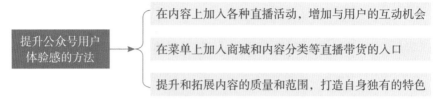

图 11-5　提升公众号用户体验感的方法

举个例子，"手机摄影构图大全"是构图君创建的微信公众号，主打的是摄影领域中的构图垂直领域，经过3年多的发展，该公众号不仅聚集了大量粉丝，在内容形式上也有了更丰富的呈现，并逐渐发展到了直播领域，如图11-6所示。

图 11-6　"手机摄影构图大全"公众号

与自建公众号推广直播内容和借助实力大号推广直播等方式不同，"手机摄影构图大全"公众号采用的是基于自身平台内容，再与其他大号或电商平台合作的形式，以此来推广直播。

在"手机摄影构图大全"直播课程的推广和发展中，该运营者综合了多方面的资源，具体说来可分为3类途径，下面进行详细介绍。

① 自身公众号推广：在推广自身直播内容时，运营者可以利用自己的公众号平台，进行直播信息的推送，以此进行平台内或跨平台引流，而且运营者通过这种方式获取到的大多是精准粉丝，如图11-7所示。

图 11-7　直播信息的推送

更重要的是，在公众号平台上，该运营者还对已直播过的内容进行了回顾和梳理，以便用户更好地理解和掌握，如图11-8所示。

图 11-8　直播内容回顾和梳理的信息推送

②　与实力大号合作："手机摄影构图大全"公众号是一步步成长起来的，在初建阶段，尽可能地利用优质内容来进行引流。

基于此，该公众号在直播时，曾与摄影领域实力大号合作开展过一场直播微课，大力推广其直播内容。图11-9所示为该实力大号在其公众号推送的直播课程信息。

图 11-9　某实力大号推出的直播课程信息

③ 对接电商平台：构图君不仅是"手机摄影构图大全"公众号的创建者，同时还是一个精于摄影领域的作家，著有几十本摄影构图畅销专著，这些书籍在京东商城上的销售成绩都不错。

2.QQ拉新

作为最早的网络通信平台，QQ拥有强大的资源优势和庞大的用户群体，是运营者必须巩固的引流阵地。

（1）QQ签名引流

运营者可以自由编辑或修改"签名"内容，在其中引导QQ好友关注直播账号。

（2）QQ头像和昵称引流。

QQ头像和昵称是QQ的首要流量入口，运营者可以将其设置为自己的头像和昵称，增加账号的曝光率。

（3）QQ空间引流

QQ空间是运营者可以充分利用起来的一个好地方，在QQ空间推广直播更有利于积攒人气，吸引更多人前来观看。下面就为读者介绍6种常见的QQ空间推广方法，如图11-10所示。

（4）QQ群引流

运营者可以多创建和加入一些与直播相关的QQ群，多与群友进行交流互动，让他们对你产生信任感，从而进一步发布直播链接进行引流。

（5）QQ兴趣部落引流

QQ兴趣部落是一个基于兴趣的公开主题社区，能够帮助运营者获得更加精准的流量。运营者也可以关注QQ兴趣部落中的同行业达人，多评论他们的热门帖子，甚至可以在其中添加自己的相关信息。

| | |
|---|---|
| QQ 空间视频推广 | 利用视频功能，在 QQ 空间发布录制的直播视频 |
| QQ 空间认证推广 | 订阅相关的人气认证空间，利用评论功能推广 |
| QQ 空间日志推广 | 在日志中加入主播账号的相关资料，吸引注意力 |
| QQ 空间说说推广 | 利用 QQ 空间说说进行主播信息和直播内容的推广 |
| QQ 空间相册推广 | 在 QQ 空间相册中加入相关直播信息图片 |
| QQ 空间分享推广 | 利用分享功能分享直播信息，点击链接即可查看 |

图 11-10　直播在 QQ 空间的推广方法

### 3. 微博拉新

在进行微博推广的过程中，"@"这个功能非常重要。在博文里可以"@"明星、媒体或企业，如果媒体或名人回复了你的内容，就能借助他们的粉丝扩大自身的影响力。若明星在博文下方评论，运营者则会受到很多粉丝及微博用户关注，那么直播视频就会被推广出去。图11-11所示为利用"@"进行引流的案例。

图 11-11　利用"@"进行引流的案例

可以说，微博"热门话题"既是一个制造热点信息的地方，也是聚集网民数量最多的地方。运营者要利用好这些话题，推广自己的直播信息，也可以发表自己的看法或感想，提高自己博文的阅读量和浏览量。

4.音频软件拉新

音频内容的传播适用范围更为多样，用户在运动、读书甚至工作等多种场合下，都能悠闲地收听音频节目。音频相比视频来说，更能满足人们的碎片化需求。对于运营者来说，利用音频平台来宣传账号和直播信息，是一条非常不错的营销思路。

音频营销是一种新兴的营销方式，主要以音频内容的传播载体，通过音频节目推广品牌和营销产品。随着移动互联网的发展，以音频节目为主的网络电台迎来了新机遇，音频营销也得以进一步发展。音频营销的特点具体如下。

（1）闭屏特点

闭屏的特点能让信息更有效地传递给用户，这对直播推广而言是很有价值的。

（2）伴随特点

相比视频、文字等载体来说，音频具有独特的伴随属性，它不需要视觉上的精力，只需耳朵收听即可。

以"喜马拉雅FM"为例，这是一款知名的音频分享应用，用户可以通过它收听国内外等地区的几十万个音频栏目。而且"喜马拉雅FM"相比其他音频平台，具有以下功能特点，如图11-12所示。

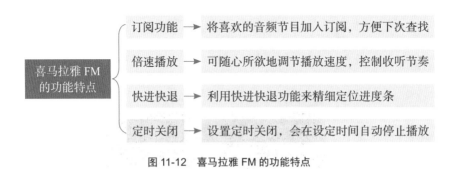

图 11-12　喜马拉雅 FM 的功能特点

在喜马拉雅FM平台上，用户可以直接通过搜索栏寻找自己喜欢的音频节目。对此，运营者只需根据自身内容，选择热门关键词作为标题，便可将内容传播给目标用户。

此外，运营者还应该充分利用用户碎片化的需求，通过音频平台来发布直播信息广告，音频广告的营销效果相比其他形式的广告投放更为精准。而且，音频广告的运营成本也比较低，十分适合新手。

例如，美食类的直播可以与"美食"相关的音频栏目组合作，因为这些节目通常有大量关注美食的用户收听，广告的精准度和传播效果会非常好。

## 11.1.2　创建社群增强粉丝黏性

虽然用户进入粉丝群后不一定会去聊天，但是却有很多人很想进群，因为群里通常会分享很多内容。所以，运营者可以结合粉丝的需求，用粉丝社群来维护关系和提升黏性。

为什么鼓励运营者去运营社群？因为运营社群有3个好处，分别如下。

（1）引爆流量

为什么运营社群能引爆流量呢？比如，某运营者组建一个粉丝交流群，他可以设置一个进群的条件：转发朋友圈、推荐几人进群或转发朋友圈可免费进群。这些想进群的人瞬间就变成了社群宣传员，而社群也就实现了裂变传播。这种裂变可以快速招揽粉丝，而且招揽的都是精准粉丝。

例如，如果运营者想组建这种社群，只需要从朋友圈找100个人，这100个人就可能帮你裂变出500个人，然后500个人后期还会裂变，再裂变。这种持续的裂变，可能会让社群在短短两三个月内从100人拓展到5000人，甚至更多。

（2）容易获取精准粉丝

每个直播社群都有它的主题，而用户也会根据自身目的选择自己需要的直播社群。所以，一旦用户选择进入某社群，就说明该用户对这个社群的主题内容有需求。既然是对社群的主题内容有需求的用户，那么自然就是精准粉丝了。

（3）快速拉新

既然这些进群的用户都是对主题内容有需求的精准粉丝，那么运营者只需解决他们的需求，获得他们的信任，就可以实现快速变现。当然，直播社群的种类是比较丰富的，每个社群能达成的效果不尽相同。

那么，运营者可以加入或者运营哪些社群呢？下面就来回答这个问题。

（1）建立自己的社群

自建社群，简而言之就是创建属于自己的社群。运营者可以创建社群的平台有很多，除了常见的微信群，还可以用QQ群、微博群等。

社群创建之后，运营者需要进行多渠道推广，吸引更多人进群，增加社群的人数和整体的影响力。在推广的过程中，运营者可以将社群作为引诱点，吸引精准粉丝的加入。比如，服装类的直播可以将"想进服装直播社群的联系我"作为引诱点。

（2）建立大咖社群

大咖都有很多社群，毕竟大咖的粉丝量都比较庞大，而且每天要做的事情也比较多，没有时间和精力私聊。所以，他们通常都会通过社群和自己的粉丝进行沟通。

对于大咖社群这种方式，可以从两个方面进行运营。一方面，当运营者拥有了一定的名气后，可以将自己打造成大咖，并建立自己的大咖社群；另一方面，如果运营者名气还不够，可以寻找一些同领域的大咖社群加入，从中获得一些有价值的内容。而且，这些社群中有一部分可能就是潜在粉丝，运营者可以与这些人进行联系，为后续带货和卖货做好铺垫。

（3）建立平台社群

平台社群既包括针对某个平台打造的社群，也包括就某一方面的内容进行交流的在平台内打造的社群。

平台社群其实是比较好运营的，因为社群里很少有"大V"长时间服务。即使这些群邀请来了大咖，他们也只会在对应的课程时间内分享内容，时间一过基本上就不会再说话了。运营者也可以在群里长期服务，跟群员混熟。

总而言之，平台社群拥有非常丰富的粉丝资源，运营者需要合理运用。当然，在平台社群的运营中，还需要服务得高端一点——在直播过程中，要尽可能显得专业一点，产出的内容要有价值，要让社群成员在看到内容后产生需求。

（4）提供社群服务

服务社群就是将已进行了消费的人群聚集起来，提供相关服务的社群。比如，某运营者建立了一个用户群，把在直播间里买过产品的人都拉进来，通过在群里提供服务，可以拉近与用户之间的关系，促成用户的二次消费。

这一类社群中的成员通常有两个特点，一是在直播间已经有过一次消费，普通的产品宣传很难让他们提起兴趣；二是在加入社群后，他们可能不太愿意主动与运营者进行沟通。

因此，这一类社群更多是在直播促销时作为一种助力来使用。比如，直播间中有打折优惠活动时，运营者可以将相关的信息发布到社群中，吸引社群成员围观直播活动，让他们购买相应的产品。

### 11.1.3　个人主页站内拉新

除了利用社交平台和社群进行拉新，运营者还可以通过对商家店铺和微淘等渠道进行预热，引导用户粉丝访问直播间，以提高直播间活跃度，进而获得更多的流量和曝光度。

接下来以淘宝直播为例，介绍两种站内拉新的方式。

一种是运营者可以在淘宝店铺的首页放入直播提示模板，如图11-13所示。

另一种是可以设置一些自动回复，让用户能够及时看到相关信息，如图11-14所示。

图 11-13　淘宝店铺首页预热

图 11-14　设置客服自动回复

## 11.2　增加直播间的热度

5G技术的发展和Wi-Fi6（第6代无线网络技术）的普及给直播行业提供了更为清晰和流畅的视频画质，VR（Virtual Reality，虚拟现实）技术和云计算等各项技术的成熟使得直播形式和场景日趋多元化，这些技术的迭代更新都给直播行业带来了更大的发展空间。在这样的条件下，各式各样的直播应运而生。因此，在未来可以看到，市场的下沉和全球化的加强会使直播行业具有更大的潜力和想象空间。

### 11.2.1 社交平台

在直播之前，运营者对直播进行推广和预热十分有必要，只有这样才能获得一定的流量。因此，运营者可以选择某些社交平台进行直播预告，下面将进行详细讲解。

1. 微博

在微博平台上，用户只需要用很短的文字就能反映自己的心情，或者只需要几张图片就能表达出自己的目的。微博这种便捷和快速的信息分享方式，使得大多数企业、商家和直播平台开始抢占微博，并利用它的"微营销"模式开启网络营销市场的新天地。

在微博上引流主要有两种方式，第一种是运营者利用展示位传达相关信息，第二种是运营者在微博内容中提及直播或者相关产品，以增强自己的知名度。

例如，各大直播平台都开通了自己的微博账号，而主播、明星和名人也可以在自己的微博里分享自己的直播链接，借此吸引更多粉丝。

2. 微信

微信与微博不同，微博是广布式营销，而微信是投递式营销，引流效果更加精准。因此，粉丝对微信公众号来说尤为重要。

微信朋友圈的重要性相信大家都知道，运营者可以利用朋友圈的强大社交性为自己的账号吸粉引流。因为与陌生人相比，微信好友的转化率较高。例如，在直播之前，可以将直播链接分享到朋友圈，朋友只需轻轻一点就可以直接观看直播。

这种推广方式对于刚入门的运营者来说更为适用，因为熟人会更愿意帮助新人做推广，帮助他们逐渐扩大影响力。

3. 知乎

知乎平台主要是一个分享知识和经验交流的平台，因此运营者可以利用自己的专业知识，进行教育直播或科普直播，依次向用户传授知识或经验。在知乎平台内，还可以结交一些经验性强的用户。

知乎有细化的分类，在发布预告时可以寻找相同的爱好者，甚至还能在知乎平台进行直播，如图11-15所示。

除了直播，对于知乎的盐选会员还可以免费观看Live讲座，如图11-16所示。在Live讲座里有许多经验性的课程，用户可以学到更多的专业知识，相对于普通直播来说，Live讲座的内容更具"干货"性。

图 11-15　知乎直播

图 11-16　知乎中的 Live 讲座

## 11.2.2　口碑营销

　　"种草"和"安利"都是在口碑营销中所产生的词汇，那么对于运营者来说，要想形成自己的口碑，可以从优质服务、高性价比和外形设计3个方面出发。

### 1. 优质服务

优质服务能让消费者在消费过程中获得好的购买体验，因此服务也是直播带货中的重点。总而言之，在直播带货中，可以通过树立好的人设赢得粉丝的喜爱。换句话说，就是让粉丝对你产生信任，对你推荐的产品感到放心。

优质的服务都是站在用户的角度，让用户感到开心或满足，这些都是建立服务口碑的开端。此外，优化物流服务也是提高服务质量的重点，用户收货的时间越短，他们对店铺的印象也就越好。因此，提升自身商品的物流服务，除了让用户拥有一个很好的物流服务体验，还可以为自己的品牌赢得良好口碑，进而形成服务型口碑。

### 2. 高性价比

性价比是口碑种草中的常见词汇，性价比的重点在于价格与效果的平衡，产品本身的效果与价格相匹配，或者超出产品价格，性价比高的产品的价格大多较为平价，但它并不等于平价产品。

运营者在利用产品的性价比进行直播带货时，需要重点展现产品的质量及价格的平衡，性价比产品多为平价或者中端产品，针对的多为注重产品质量的用户群体。

在直播带货中，影响口碑种草的因素有两个，分别是产品和主播，具体如图11-17所示。

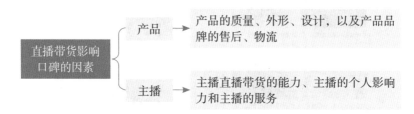

图 11-17 直播带货中影响口碑种草的因素

### 3. 外形设计

运营者可以利用产品的"颜值"取胜，通过产品的外形或者包装设计来让用户种草，还可以对产品名称进行设计。图11-18所示为产品外形和包装设计都比较好看的商品。

一些平台也会针对直播中的商品货物按照热度进行排名，排名榜的存在也推动了产品的口碑种草，让更多的用户根据榜单热度下单。那么，一个好的口碑又具有哪些影响呢？

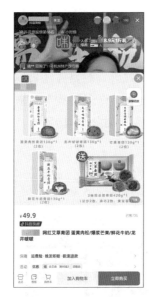

图 11-18　外形和包装设计都比较好看的商品

（1）挖掘潜在消费者

口碑营销对用户的购买行为有重大影响，尤其是对潜在的用户群体，这类用户会询问使用过产品的人，或者查看产品下方的评论，以查找用户的使用感受。所以，已使用过产品的用户评价在很大程度上会影响潜在用户的购买欲望。

（2）提高产品复购率

对于运营者来说，信誉（也就是所谓的口碑）是社会认同的一种体现，所以拥有较好的口碑，除了可以提高产品的复购率，还能提升品牌的信誉值。

（3）增强营销说服力

口碑营销相较于传统营销，更具感染力。口碑营销的产品营销者其实是使用过产品的用户，而不是品牌方，这些使用过的用户与潜在消费者一样都属于消费者，而他们的使用体验对潜在用户来说更具说服力，更能促进潜在用户的消费行为。

（4）解决营销成本

运营者建立好的口碑，能够节约品牌在广告投放上的成本，为自身的长期发展节省宣传成本。

（5）促进企业发展

口碑营销有助于减少企业营销推广的成本，并增加消费者数量，最终推动企业的成长和发展。

### 11.2.3　多平台推广

平台联盟是指多个平台进行直播预告，即在直播前，可以将直播链接分享到各个社交渠道，如微博、朋友圈及博客等。此外，运营者还可以在其他直播平台进行分享，如B站、快手等短视频平台。比如，许多游戏类直播在开播前，其运营者就会在B站和微博中分享游戏直播的视频，如图11-19所示。

图 11-19　在 B 站和微博分享游戏直播视频

### 11.2.4　线下推广

线下活动作为营销推广方式的一种，主要是利用实际生活中的活动获取更大的网上流量，进而优化推广效果。

打个比方，为了宣传一个品牌，你在学校做了一场活动，如果是通过发传单或者做演讲的形式让路人了解，那么这样的推广效果往往很有限，因为宣传的影响范围比较窄。但是，如果你在做活动的同时进行直播，就会有更多的人从网上了解这个活动，尽管他可能不会来到活动现场，但他还是通过直播知道了这件事情，于是品牌就在无形之中得到了推广。

线下活动推广是一种传统的推广方法，与直播相结合是不可更改的趋势。两者相结合能够最大程度发挥出营销的效果，是一件两全其美的事情。这样的推广模式有3个优势：粉丝较多、参与度高、传播范围更广。

## 11.3　直播间吸粉引流

前面介绍了在私域流量中获取粉丝和通过社群增强粉丝黏性的方法，但其实在直播间也是能吸粉的，本节将介绍直播间吸粉引流的具体方法。

### 11.3.1　高人气的直播技巧

下面总结了一些让直播间人气暴涨的技巧，如图11-20所示。

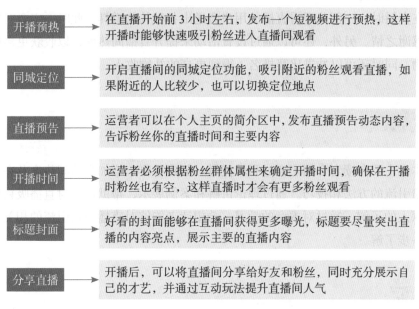

图 11-20　让直播间人气暴涨的技巧

此外，许多用户之所以会关注某个运营者，是因为其有着鲜明的个性。因此，运营者可以为自己打造一个鲜明的形象，从而吸引粉丝的关注。构成运营者个性的因素有很多，其中，个性化的语言是相对容易实现的一种形式。

画面和声音是构成直播的两大重点。而具有个性化的语言则可以让直播更具特色，同时也可以在直播时增强吸引力。一些个性化的语言甚至可以成为运营者的标志，让用户一看到该语言就会想起某个运营者，甚至当看到类似的视频和直播时，也会期待标志性话语的出现。

例如，"口红一哥"在直播时经常会说"OMG！""买它买它！"，于是这两句话便成为他的标志性话语。再加上他的粉丝量众多，影响力比较大，所以当其他短视频中出现这两句话时，许多人也会联想到他。

## 11.3.2 粉丝与收益双提升

直播变现是很多运营者梦寐以求的事情，下面根据部分平台的直播变现方式，总结了一些提升直播间粉丝和收益的技巧。

### 1. 主播任务

在某些直播软件界面中，有一个"主播任务"选项，可以查看当前可做的任务，包括直播要求、奖励和进度，点击任务还可以查看具体的任务说明。

### 2. 礼物道具

在直播时，一部分观看直播的用户会送出各种礼物道具，此时一定要对粉丝表达感谢之情。另外，还可以通过设置活动来提升直播间热度，以收获更多的粉丝礼物，同时还可以冲进比赛排名，得到更高的礼物收入。

## 本章小结

本章主要向读者介绍了通过私域流量、创建社群、增加直播间热度及在直播间吸粉引流的方法和技巧。通过理论讲解和案例展示，帮助读者对直播吸粉引流有更深入的了解。通过对本章的学习，希望读者能够对直播吸粉引流的相关内容有进一步了解。

## 课后习题

鉴于本章知识的重要性，为了帮助读者更好地掌握所学知识，本节将通过课后习题，帮助读者进行简单的知识回顾和补充。

1. 如何进行站外拉新引流？

2. 口碑营销的要点是什么？

# 第 12 章
## 通过运营获取商业变现

　　许多人做短视频最直接的想法，可能就是借助短视频赚到一桶金。确实，短视频是一个潜力巨大的市场，但同时也是一个竞争激烈的市场。所以，运营者要想通过短视频变现，轻轻松松年入百万，就要掌握一定的变现转化技巧。

## **12.1** 商业变现模式

广告变现是目前短视频领域最常用的商业变现模式，一般是按照粉丝数量或者浏览量来进行结算。接下来将向运营者介绍几种广告变现的渠道和方法，让短视频的盈利方式变得更简单。

### 12.1.1 流量是关键

流量广告是指将短视频流量通过广告手段实现现金收益的一种商业变现模式。流量广告变现的关键在于流量，而流量的关键在于引流和提升用户黏性。在短视频平台上，流量广告变现模式是指在原生短视频内容的基础上，平台会利用算法模型来精准匹配与内容相关的广告。

参与平台任务获取流量分成，是内容营销领域较为常用的变现模式之一。这里的分成包括很多种，导流到淘宝或者京东所卖掉的产品的佣金也可以进行分成，平台分成是很多网站和平台都适用的变现模式，也是比较传统的一种变现模式。

以今日头条为例，它的收益方式就少不了平台分成。但是，在今日头条平台上并不是一开始就能够获得平台分成的，广告收益是其前期主要的盈利手段，而平台分成要等到账号慢慢成长壮大后才有资格获得。而且，如果想要获得平台分成之外的收益，如粉丝打赏，则需要成功摘取"原创"内容的标签，否则无法获取额外的收益。

流量分成内容变现商业模式适合拥有超大流量和高黏性用户的运营者，同时流量的来源要相对精准。

例如，暴风短视频平台的分成模式，相对于今日头条而言，就简单得多，而且要求也没有那么严格，具体规则如图12-1所示。

| 分成规则 | 查看详细>> |
| --- | --- |
| 分成方法：收益=单价\*视频个数+播放量分成 | |
| 上传规则：每日上传视频上限为100个（日后根据运营情况可能做调整，另行通知） | |
| 分成价格：单价=0.1元/1个（审核通过并发布成功）；播放量分成1000个有效播放量=1元（2013年12月26日-2014年1月26日年终活动期间1000个有效播放量=2元） | |
| 分成说明：单价收益只计算当月发布成功的视频；所有有效的历史视频产生的新的播放量都会给用户带来新的播放量分成 | |
| 分成发放最低额度：100元 | |
| 分成周期：1个自然月，每月5日0点前需申请提现，20日前结算，未提现的用户视为本月不提现，暴风影音不予以打款，收益自动累积到下月 | |

图 12-1　暴风短视频平台的分成规则

★ 专家提醒 ★

值得注意的是，暴风短视频平台分成实际上远远无法囊括短视频创作的成本，并且平台和运营者是相辅相成、互相帮助的，只有相互扶持才能盈利更多。这种变现模式需要合理运用，不能一味地依赖，当然，运营者也可以适当运营其他补贴丰厚的平台的账号。

## 12.1.2　达人星图接单

巨量星图是抖音为达人和品牌提供的一个内容交易平台，品牌可以通过发布任务达到营销推广的目的，达人则可以在平台上参与星图任务或承接品牌方的任务实现变现。图12-2所示为巨量星图的登录界面，可以看到它支持多个媒体平台。

图 12-2　巨量星图的登录界面

巨量星图为品牌方寻找合作达人提供了更精准的途径，为达人提供了稳定的变现渠道，为抖音、今日头条、西瓜视频等新媒体平台提供了富有新意的广告内容，在品牌方、达人和各个传播平台之间都发挥了一定的作用。

品牌方：品牌方在巨量星图平台中可以通过一系列榜单，更快地找到符合营销目标的达人，此外，平台提供的组件功能、数据分析、审核制度和交易保障在帮助品牌方降低营销成本的同时，还能够获得更好的营销效果。

达人：达人可以在巨量星图平台上获得更多优质的商单机会，从而获取更多的变现收益。此外，达人还可以签约MCN机构，获得专业化的管理和规划。

新媒体平台：对于抖音、今日头条、西瓜视频等各大新媒体平台来说，巨量星图可以提升平台的商业价值，规范和优化广告内容，避免低质量的广告影响用户的观感和降低用户黏性。

巨量星图面向不同平台的达人提供了不同类型的任务，只要达人的账号达到相应平台的入驻和开通任务的条件，并开通接单权限后，就可以承接该平台的任务。图12-3所示为巨量星图中的"任务大厅"板块，这里发布了大量的任务，分为"指派给我""我可投稿""我可报名"和"好物测评"4个标签。此外，还有5个筛选菜单，运营者可以根据自己的需求进行筛选。

图 12-3 巨量星图平台上的"任务大厅"板块

达人在完成任务后，可以进入"我的星图"页面，在这里可以直接看到账号通过做任务获得的收益情况，如图12-4所示。

图 12-4 "我的星图"页面

★ 专 家 提 醒 ★

需要注意的是，平台会对未签约 MCN 机构的达人收取 5% 的服务费。例如，达人的报价是 1000 元，任务正常完成后平台会收取 50 元的服务费，达人的可提现金额是 950 元。

## 12.1.3  全民任务变现

全民任务，顾名思义，是指所有抖音用户都能参与的任务，包括普通用户、达人、商家和主播等。具体来说，全民任务就是广告方在抖音App上发布广告任务后，运营者根据任务要求拍摄并发布视频，从而有机会获得现金或流量奖励。

运营者可以在"全民任务"活动界面中查看自己可以参加的任务，如图12-5所示。选择相应任务即可进入任务详情界面，查看任务的相关玩法和精选视频，如图12-6所示。

图 12-5  "全民任务"活动界面        图 12-6  任务详情界面

全民任务功能的推出，为广告方、抖音平台和运营者都带来了不同程度的好处。

广告方：全民任务可以提高品牌的知名度，扩大品牌的影响力；而创新的广告内容和形式不仅不会让达人反感，而且还能让达人主动参与广告方的活动，达到营销宣传和大众口碑双赢的目的。

抖音平台：全民任务不仅可以刺激平台运营者的创作激情，提高运营者的活跃度和黏性，还可以提升平台的商业价值，丰富平台中的内容。

运营者：全民任务为运营者提供了一种新的变现渠道，没有粉丝数量门槛，没有视频数量要求，没有拍摄技术难度，只要发布的视频符合任务要求，就有机会获得任务奖励。

运营者参与全民任务的最大目的是获得任务奖励，那么怎样才能获得收益，甚至获得较高的收益呢？

以拍摄任务为例，首先要确保投稿的视频符合任务要求，计入任务完成次数，这样才算完成任务，才有机会获得任务奖励。

其次，全民任务的奖励是根据投稿视频的质量、播放量和互动量来分配的，也就是说视频的质量、播放量和互动量越高，获得的奖励越多。成功完成任务后，为了获得更多的任务奖励，运营者还可以多次参与同一个任务，增加获奖机会，提高获得较高收益的概率。

## 12.2 抖音带货获取收益

在抖音中要想快速获取收益，还得借助一些实用的功能。本节将从电商带货、创建抖店、购物车变现、团购带货及小程序变现5个方面介绍抖音中的卖货变现功能，帮助运营者快速获取收益。

### 12.2.1 电商带货

在抖音App中，运营者满足一定的条件后可以开通"电商带货"功能。开通"电商带货"功能后，便可以在抖音视频、直播和个人主页界面对商品进行分享。在抖音平台中，电商销售商品最直接的一种方式就是通过分享商品链接，为用户提供一个购买的通道。对于运营者来说，无论分享的是自己店铺的东西，还是他人店铺的东西，只要商品卖出去了，就能赚到钱。

开通"电商带货"功能的抖音账号必须满足3个条件：一是通过了实名认证；二是发布的非隐私且审核通过的视频数量大于或等于10条；三是抖音账号有效粉丝数要大于或等于1000人。当这3个条件都满足之后，运营者就可以申请开通"电商带货"功能了。

运营者可以登录抖音App，❶在"我"界面的右上角点击☰按钮；❷在打开的下拉列表框中选择"抖音创作者中心"选项，进入相应界面；❸点击"电商带货"按钮，如图12-7所示，即可进入相应的界面。

图 12-7　点击"电商带货"按钮

执行操作后，进入"抖音电商"界面，如图12-8所示，满足相应条件后，可在相应界面中点击"立即加入电商带货"按钮。运营者开通"电商带货"功能后，最直接的好处就是可以拥有个人"商品橱窗"，能够通过分享商品赚钱。"商品橱窗"是抖音App中用于展示商品的一个界面，或者说是一个集中展示商品的功能。成功开通"电商带货"功能之后，抖音账号的个人主页界面中将出现"商品橱窗"入口，如图12-9所示。

图 12-8　"抖音电商"界面

图 12-9　出现"商品橱窗"入口

抖音正在逐步完善电商功能，对运营者来说是一件好事，这意味着运营者能够更好地通过抖音卖货来变现。运营者可以在"商品橱窗管理"界面中添加商品，直接进行商品销售。"商品橱窗"除了会显示在信息流中，还会出现在个人主页中，方便用户查看该账号发布的所有商品。

在淘宝与抖音合作后，很多百万粉丝级别的抖音号都成了名副其实的"带货王"，捧红了不少产品，而且抖音的评论区也有很多"种草"的评论，让抖音成为了"种草神器"。自带优质私域流量池、红人聚集地和商家自我驱动等动力，都在不断推动着抖音走向"网红"电商这条路。

## 12.2.2　创建抖店

抖音小店是抖音针对短视频达人内容变现推出的一个内部电商功能，通过抖音小店，无须再跳转到外部链接去完成购买，直接在抖音内部即可实现电商闭环，让运营者更快变现，同时也为用户带来更好的消费体验。

抖音小店针对小店商家和广告商家两个群体。

小店商家：即店铺经营者，主要进行店铺运营和商品维护，并通过自然流量来获取和积累用户，同时支持在线支付服务。

广告商家：可以通过广告来获取流量，售卖爆款商品。

要开通抖音小店，运营者首先需要开通"电商带货"功能，并且需要持续发布优质原创视频，同时解锁视频电商和直播电商等功能，才能去申请，满足条件的抖音号运营者会收到系统的邀请信息。图12-10所示为抖音小店的入驻流程。

图 12-10　抖音小店的入驻流程

## 12.2.3　购物车变现

抖音购物车主要包括3部分，即商品橱窗、视频购物车和直播购物车。运营者在抖音App中开通商品橱窗功能后，便可以在抖音视频和直播中插入商品链接。

### 1. 商品橱窗变现

当一个抖音号开通商品橱窗功能后，运营者便可以把商品橱窗当成一个集中展示商品的地方，把想要销售的商品都添加到商品橱窗中。

用户进入抖音号的商品橱窗界面后，选择需要的商品，便可以进入抖音商品详情界面了解和购买商品，如图12-11所示。而用户购买商品后，运营者便可获得相应的佣金收入。

图 12-11　商品详情界面

### 2. 赚取佣金变现

因为开设自己的店铺不仅需要一定的成本，还需要花费大量的时间和精力进行管理。所以，大多数运营者可能并不具备通过自营店铺变现的条件。为此，抖音平台特意打造了佣金变现模式，让没有自营店铺的短视频运营者也能轻松变现。

例如，在给商品橱窗添加商品时，运营者可以看到每个商品中都有"赚××"的字样，这是每次通过你添加的商品购物车链接卖出去东西能够获得的佣金收入。

另外，运营者还可以点击"添加商品"界面中的"佣金率"按钮，根据商品的佣金率选择商品进行添加。

### 3. 自营店铺变现

运营者可以自己开设一个抖音小店，或者将自己网店中的商品添加到抖音视频、直播中，通过自营店铺来进行变现。比如，将自己店铺中的商品添加到抖音视频中时，就会出现一个购物车链接，用户只需点击该链接，便可进入对应界面购买商品，而运营者便可以借此实现变现了，如图12-12所示。

图 12-12　自营店铺变现

### 12.2.4　团购带货

团购带货就是商家发布团购任务，运营者通过发布带位置或团购信息的相关短视频，如图12-13所示，吸引用户点击并购买商品。用户完成到店使用后，运营者即可获得佣金。

需要注意的是，团购带货售卖的商品是以券的形式发放给用户的，不会产生物流运输和派送记录，需要用户自行前往指定门店，出示商品券，在线下完成消费。

此外，如果想申请团购带货功能，运营者的粉丝量必须大于或等于1000，这里要求的粉丝量是指抖音账号的纯粉丝量，不包括绑定的第三方账号粉丝量。满足要求的运营者可以在抖音的创作者服务中心中点击"团购带货"按钮，即可申请开通该功能，如图12-14所示

团购带货功能之所以如此火爆，是因为运营者只需要发视频就能获得收益，而商家只需要发布任务就能获得客人，用户也能以优惠的价格购买到所需的商品或享受服务，可谓一举多得。

图 12-13　带有团购信息的短视频

图 12-14　点击"团购带货"按钮

## 12.2.5　小程序变现

抖音小程序是抖音平台的一个重要功能，同时也是一个抖音短视频延伸变现的工具。运营者只需开发一个抖音小程序，便相当于在抖音上增加了一个变现的渠道。运营者可以在短视频中放置抖音小程序的链接，用户点击链接便可进入小程序，在小程序中购买商品后，运营者便会赚取到相应收益。

在抖音中，主要为抖音小程序提供了5个入口，这也为抖音小程序变现提供了更多的变现机会。

**1. 视频播放界面**

运营者如果已经拥有了自己的抖音小程序，便可以在视频播放界面中插入抖音小程序链接，用户只需点击该链接，就可以直接进入对应的链接位置。抖音小程序的特定图标为█，用户只要看到带有该图标的链接，点击即可进入抖音小程序，如图12-15所示。

图 12-15　从视频播放界面进入小程序

**2. 视频评价界面**

除了在视频播放界面中直接插入抖音小程序链接，运营者也可以在视频评价界面中提供抖音小程序的入口。

**3. 个人主页界面**

在个人主页界面中，同样也可插入抖音小程序链接。

**4. 最近使用的小程序**

运营者近期使用过的某些抖音小程序，会在最近使用的小程序中出现。运营者可以打开抖音App，在"我"界面中点击█按钮，在打开的下拉列表框中选择"小程序"选项，即可进入"小程序"界面，如图12-16所示。运营者只需点击小程序所在的位置，便可直接进入其对应的抖音小程序界面。

图 12-16　进入"小程序"界面

5. 综合搜索界面

运营者还可直接进入抖音小程序的搜索界面，搜索更多的小程序。

## 12.3　借助其他方式变现

除了上面介绍的几种变现方式，运营者还可以采用其他方式进行变现，如进行品牌代言、IP增值和视频创作等。

### 12.3.1　帮助企业引流

成功认证"蓝V"企业号后，将享有权威认证标识、头图品牌展示、昵称搜索置顶、昵称锁定保护、商家POI（Point Of Interest，兴趣点）认领、私信自定义回复、DOU+内容营销工具和"转化"模块等多项专属权益，能够帮助企业更好地传递业务信息，与用户建立互动。

**步骤01** 打开抖音App，在"我"界面中点击 ≣ 按钮，如图12-17所示。

**步骤02** 在打开的下拉列表框中选择"抖音创作者中心"选项，如图12-18所示。

**步骤03** 进入抖音创作者中心界面，点击"全部"按钮，如图12-19所示。

图 12-17　点击相应的按钮

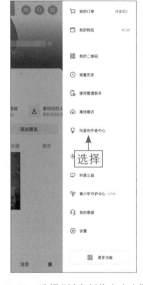

图 12-18　选择"抖音创作者中心"选项

图 12-19　点击"全部"按钮

**步骤04** ❶在打开的面板中点击"企业号开通"按钮，即可进入"试用企业号"界面；❷点击"0元试用企业号"按钮，如图12-20所示。

**步骤05** 执行操作后，即可进入企业号认证界面，如图12-21所示。在企业认证界面中上传相关信息材料，最后等待审核完成即可。

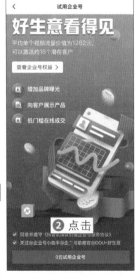

图 12-20　点击"0 元试用企业号"按钮

图 12-21　企业号认证界面

通过抖音企业号认证，将获得如下权益。

1. 权威认证标识

头像右下方出现"蓝V"标志，彰显官方权威性。

2. 昵称搜索置顶

已认证的昵称在搜索时会位列第一，帮助潜在粉丝第一时间找到你。

3. 昵称锁定保护

已认证的企业号昵称具有唯一性，杜绝盗版冒名企业，维护企业形象。

4. 商家POI地址认领

企业号可以认领POI地址，认领成功后，在相应地址页面中将展示企业号及店铺基本信息，支持企业电话呼出，为企业提供信息曝光及流量转化。

5. 头图品牌展示

企业号可自定义头图，直观展示企业宣传内容，第一时间吸引眼球。"蓝V"主页的头图可以由企业号运营者自行更换并展示，运营者可以理解为这是一个企业自己的广告位。

6. 私信自定义回复

企业号可以自定义私信回复，提高与用户的沟通效率。通过设置不同的关键字，企业可以有目的地对用户进行回复引导，并且不用担心回复不及时导致用户流失，提高企业与用户的沟通效率，减轻企业号的运营工作量。

7. "DOU+"功能

可以对视频进行流量赋能，企业号可以付费来推广视频，将自己的作品推荐给更精准的人群，提高视频播放量。

抖音会针对不同的垂直行业，开发"转化"模块，其核心目的就是提升转化率。例如，企业号是一个本地餐饮企业，便可以在发布的内容上附上自己门店的具体地址，通过导航软件给门店导流。另外，高级"蓝V"认证企业号可以直接加入App的下载链接。

## 12.3.2　拍摄广告

当运营者的账号积累了大量粉丝，账号成了一个知名度比较高的IP之后，可能就会被许多品牌邀请做广告代言。此时，运营者便可借助赚取广告费的方式，进行IP变现。

其实，通过广告代言变现的IP还是比较多的，它们共同的特点就是粉丝数量多，知名度高。正是因为粉丝数量多，所以账号的运营者或出镜者会成功接到许多广告代言，其中不乏一些知名品牌的代言，而借助这些广告的代言，运营者和出镜者及其团队就会获得可观的收益了。

### 12.3.3  IP增值

当短视频账号具有了一定的知名度后，运营者可以把账号做成个人IP，并通过自我充电，向娱乐圈发展，如拍电影电视剧、上综艺节目及当歌手等，实现IP的增值，从而更好地进行变现。

例如，某位颜值和美妙歌喉兼具的运营者，发布了大量歌唱类视频，同时也进行了多次以音乐为主题的直播。目前，其账号已成为千万级粉丝的大IP，粉丝数量超过了3000万。

正是因为该运营者拥有巨大的流量，所以其不仅被许多音乐人看中，推出了众多量身定制的单曲，而且还获得了许多电视节目的邀请。

### 本章小结

本章主要向读者介绍了短视频账号的商业变现模式，抖音带货获取收益的方法，以及一些其他的变现方式。通过理论讲解和案例展示，帮助读者更加深入地了解运营短视频账号赚取收益的技巧。通过对本章的学习，希望读者能够对获取商业变现方式的相关内容有进一步认识。

### 课后习题

鉴于本章知识的重要性，为了帮助读者更好地掌握所学知识，本节将通过课后习题，帮助读者进行简单的知识回顾和补充。

1. 商业变现模式有哪几个？

2. 抖音带货获取收益的方式有哪几种？